宁夏文物考古研究所丛刊之二十八

宁夏明代长城
北长城调查报告

宁夏文物考古研究所　编著

文物出版社

图书在版编目（CIP）数据

宁夏明代长城·北长城调查报告／宁夏文物考古研究所
编著．—北京：文物出版社，2020.7
　ISBN 978－7－5010－6716－9

　Ⅰ．①宁…　Ⅱ．①宁…　Ⅲ．①长城—调查报告—
宁夏—明代　Ⅳ．①K928.77

　中国版本图书馆 CIP 数据核字（2020）第 112064 号

宁夏明代长城·北长城调查报告

编　　著　宁夏文物考古研究所

责任编辑　冯冬梅
助理编辑　卢可可
责任印制　陈　杰
封面设计　程星涛

出版发行：文物出版社
社　　址：北京市东直门内北小街 2 号楼
网　　址：http：//www. wenwu. com
邮　　箱：web@ wenwu. com
经　　销：新华书店
印　　刷：天津图文方嘉印刷有限公司
开　　本：889×1194 毫米　1/16
印　　张：14　　插页：6
版　　次：2020 年 7 月第 1 版
印　　次：2020 年 7 月第 1 次印刷
审 图 号：宁 S［2018］第 004 号
书　　号：ISBN 978－7－5010－6716－9
定　　价：320.00 元

目　录

插图目录

插表目录

彩图目录

铲山筑土建重关

——明代宁夏境内的长城（代前言）

罗　丰

一　导言

有明一代横亘中国北方的所谓万里长城最为引人注目，它东起辽宁虎山，西止嘉峪关，绵延万里，至今耸立。

宁夏是明代长城遗迹分布较多的省份，贯穿整个南北全境。虽然过去对于这些长城的大体走向，甚至具体结构，有一定程度的了解。但是这些了解都是建立在零星调查的基础上，一些重要的长城信息并不全面，有许多付阙，甚至错误。就连全区范围内明长城现存具体的长度，有多少业已消失，这样的资讯也众说纷纭。有赖于考古工作者花费几年时间的辛勤田野考古调查，现在这样的数据已经大体有一个眉目。

在国家文物局的统一部署下，从 2007 年开始，宁夏考古工作者组成五支田野调查队，对宁夏境内的河东长城、旧北长城、北长城、西长城、固原内边长城和"徐斌水新边"六条长城进行田野考古调查。调查范围涉及全区 4 市 18 县（市、区）和内蒙古自治区阿拉善左旗（部分）、甘肃省环县（部分）。2009 年田野调查基本结束后即转入室内整理。室内整理和报告编写经过五年多的持续工作，在2014 年大体结束，本报告集反映的是我们田野调查、室内整理和一些粗浅研究的成果。报告集在涉及一些术语时如长城、边墙等时混合使用，并不作单一选择。不过还是有所侧重，在讨论历史文献材料时会尽量采用当时流行的名称，如边墙、墩台之类；在使用考古材料时则使用长城、烽火台这类约定俗成的称谓。本连续报告集在《宁夏明代长城》总标题下分《河东长城调查报告》《旧北长城和北长城调查报告》《西长城调查报告》《固原内边长城调查报告》分别出版。本前言从文献出发和结合考古材料，大致勾勒出宁夏明代长城的基本情况。

二　明代边防体系与宁夏、固原二镇

明人长城的修筑与整个北方的防御体系有密切关联。明政府为应付北方民族的南侵，在北方建立九个边防重镇，并在各自防区修筑长城，各镇长城贯为一体。《明史·兵志》称：

终明之世，边防甚重。东起鸭绿，西抵嘉峪，绵亘万里，分地守御。初设辽东、宣府、大同、延绥四镇，继设宁夏、甘肃、蓟州三镇，而太原总兵治偏头，三边制府驻固原，亦称二镇，是为九边[1]。

长城作为防御工事，在中国的兴起由来已久，最初是用于中原国家内部相互攻防。战国时期开始北方国家修筑的长城，区隔北方的游牧民族与中原的农耕民族，将两种不同文明的人群，用一道人工修筑的长墙隔离。长城在地理环境的选择上，大体维持在北方地区的农牧分界线上，地理学家理查德·哈特向（R. Hartshorne）曾经说过，人们在本能上都有将地理界线划分得比自然所设定的更加分明的倾向[2]。长城的修筑大约是这种倾向最极端的表现，人们对于游牧和农耕两种不同的生计方式认识相对简洁一些。

明代的长城遗址大体维持在秦汉长城总体范围内，由九边重镇总理。元朝灭亡后，蒙古残部并未远离北方，而是在北方地区聚集起来，伺机向中原进发，抢掠边境地区，有时甚至深入中原腹地，成为明统治者的心腹大患。为防御北方部族的内侵，明统治者相继在北方一些重点地区建设新的防御体系。宁夏地区的长城就是在这样的背景下修筑起来的。

明代初年，太祖朱元璋在北方辽西大宁、元上都天平、河北兴和、鄂尔多斯的东胜诸地设置重兵防守。甚至计划北伐蒙古余部，完全彻底地解决蒙古余部的威胁。不过，洪武五年（1372年）大将徐达举兵北伐以失败告终，对朱元璋的信心打击很大。此后，他的边防政策多有调整，由进攻改为防守。并且，在沿北边设置许多卫所，卫所制度显然是延续元朝的军事体制[3]，扼险设防。另外所采取的防御政策，将原有出征和镇守重要军事要塞的职权从军事将领的手中收回，在沿边地区分封藩王，将军事主导权转移至朱姓藩王手中。有明一代北方防御前哨由藩王、亲王驻守御边，这样的计划显示了明太祖设险守御的决心。有人提议将归附的北方民族内迁，以绝后患。朱元璋非常了解北方民族的习性，他说了这样一段话：

凡治胡虏，当顺其性。胡人所居习于苦寒，今迁之内地，必驱而南，去寒凉而即炎热，失其本性，反易为乱。不若顺而抚之，使其归就边地，择水草孳牧，彼得遂其生，自然安矣[4]。

朱元璋的想法虽然很好，但北方民族飘忽不定、叛服无常，给明廷带来了极大的困扰。朱元璋的遗训是："胡戎与西北边境，互相密迩，累世战争，必选将练兵，时谨备之"[5]。明成祖曾五次亲征大漠，有次曾亲率五十万大军出征。并迁都北京，重新部署防御，同时也将几个重要的防御重地，如大宁、东胜、开平、兴和的防守军力内移。关外弃防，是将天险拱手让人，也是以后诸朝修筑长城的直接原因。大宁弃防的直接诱因是兀良哈三卫内附，将辽阔的大宁地区让与兀良哈三卫，授之以官，统辖该地[6]。东胜，《明史·兵志》给出的解释是，"东胜孤远难守，调左卫于永平，右卫于遵化，而墟其地"[7]。将守边部队调至北京附近。明成祖篡位之初，蒙古残部退至漠北，兀良哈三卫内附，边疆无大患，拱卫北京安全，远比屯兵备防边疆显得更为重要。于是，成祖便关外弃防[8]。英宗亲征时，在土木堡全军覆没，他本人也被俘，明朝受到空前挫折。土木之变后，边境再无宁日，也促成了

[1]　（清）张廷玉：《明史》卷91《兵志》，中华书局标点本，1974年，第2235页。

[2]　参见［美］理查德·哈特向著、叶光庭译：《地理学的性质——当前地理学思想述评》，商务印书馆，1996年，第425页。

[3]　参见于志嘉《明代军制史研究的回顾与展望》相关论述，原载台湾大学《第一届民国以来国史研究的回顾与展望》，1992年，后收入《卫所、军户与军役》（北京大学出版社，2010年，第333页）。

[4]　《明太祖实录》卷59"洪武三年十二月戊午"，台北"中研院"历史语言研究所校印，1961年，第1147页。

[5]　《皇明祖训》第3册，（台湾）学生书局影印明刊本，第1686～1687页。

[6]　《明会典》卷107《朝贡三》，万有文库本，商务印书馆，1936年，第1页。

[7]　（清）张廷玉：《明史》卷91《兵志三》"边防"条，中华书局标点本，1974年，第2236页。

[8]　关于明成祖关外弃防原因的讨论可参见吴缉华《论明代北方边防内移及影响》（《新亚学报》，1980年，第364～409页）第13卷。

政府以九边重镇为重点的防御体系的建设。边患不断，成为日常，以宁夏为例，兵部主编的《九边图说》中称：

> 臣等谨按：宁夏，古朔方河西地也。东起盐场，西尽中卫，东南据河为险，北倚贺兰为固，在昔时称"四塞"焉。自虏入套以来，边患始剧。其在夏秋则用浑脱浮渡，以扰我边。严寒之时，则踏冰卒入。乘我不备，甚至取道贺兰山后，往来庄、凉，恬无忌惮[1]。

明朝中叶，游牧民族定居水草肥美的河套地区，不断南侵，甚至抵达甘肃平凉、庄浪一带，已成常态。景泰年间以后九边重镇确立，具体为辽东、蓟州、宣府、大同、山西（偏头关）、延绥（榆林）、宁夏、固原（陕西）、甘肃九镇。

宁夏在明朝初年设立宁夏府，《宁夏志》云：

> 国朝初，立宁夏府。洪武五年（1372年）诏弃其地，徙其民于陕西。至洪武九年（1376年）复命长兴侯耿炳文弟耿忠为宁夏卫指挥，率谪戍之人及延安、庆阳骑士立宁夏卫，缮城郭以守之[2]。

宁夏镇的成立时间似乎并不确定，洪武二十五年（1392年）三月置宁夏左、右、中三屯卫，二十八年设宁夏护卫。永乐四年（1406年）八月"命右军都督府左都督何福佩征房前将军印，充总兵官前往镇陕西、宁夏等处，节制陕西都司、行都司，山西都司、行都司，河南都司官军"[3]。有学者认为至迟在此时宁夏镇已成立[4]。

宁夏镇设置巡抚都御史一员，镇守太监一员，镇守总兵官一员，协守宁夏副总兵一员，参将、游击将军等若干名，分驻宁夏及各地[5]。在这一体系中，只有总兵、镇守太监可称镇守，副总兵只称协守，参将驻他处则称分守，其属下称协同分守，用以保证镇守、分守的用兵权力[6]（图一）。

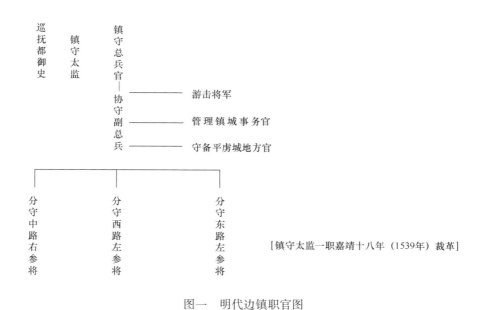

图一　明代边镇职官图

---

〔1〕《九边图说·宁夏镇图说》，明隆庆三年刻本，第121页。

〔2〕（明）朱旃撰修，吴忠礼笺证：《宁夏志笺证》卷上，宁夏人民出版社，1996年，第2页。

〔3〕《明太宗实录》卷11"永乐四年八月己未"，台北"中研院"历史语言研究所校印，1961年，第178页。

〔4〕肖立军：《明代中后期九边兵制研究》，吉林人民出版社，2001年，第80页。

〔5〕（明）魏焕：《皇明九边考》卷8《宁夏镇》，谢国桢影印嘉靖刻本，第4~7页。

〔6〕关于明代省镇兵营制度参见肖立军《明代省镇营兵制度与地方秩序》（天津古籍出版社，2010年，第279~286页）。

庆王封地，庆王名朱㮵，朱元璋第十六子，初封庆阳，后移韦州，建文三年（1401年）徙宁夏，置中护卫为扈从，正德五年（1510年）改中护为中屯，仍为五卫城。

设镇守宁夏太监关防一名，其职责皇帝敕谕中曾说：

今特命尔与总兵官都督同知张泰镇守宁夏地方，修理边墙城池，操练军马，遇有贼寇，相机守战。凡事须与总兵、巡抚等官公同计议停当而行，不许偏私执拗己见，有误事机。尔为朝廷内臣，受兹委托，尤宜奉公守法，表率将士。

嘉靖十八年（1539年）奉旨裁撤[1]。

总兵官，挂银铸"征西将军之印"，与太监并巡抚都御史及副总兵官一同镇守，平日操练兵马，修理城池，遇警敌犯便相机率兵守战。

副总兵官，有一些具体任务，遇敌来袭河套，便要前往花马池等处调度军马杀贼。每年夏初冬末，要两次亲临修补边墙崖砦等。

正统年间设游击将军，统兵三千，具体任务在清水营分布，如果遇花马池、灵州一带来敌进犯，便统兵前往策应。凡守战事宜，仍听镇守、总兵、巡抚官节制（图二）。

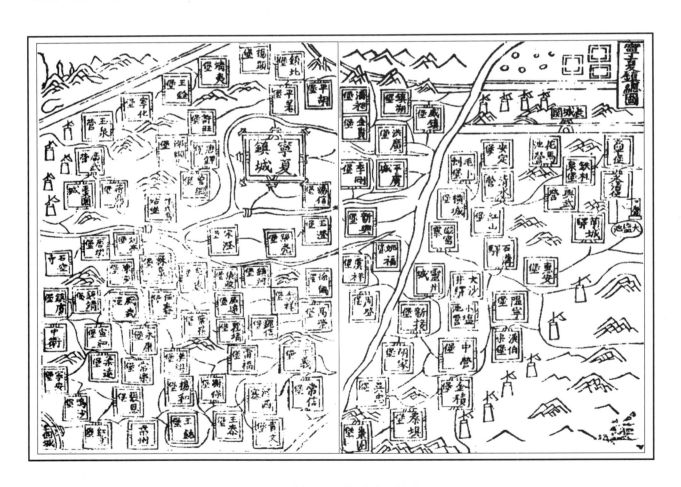

图二　《九边图说》载宁夏镇总图

---

〔1〕（明）胡汝砺编，（明）管律重修，陈明猷校勘：《嘉靖宁夏新志》卷1，宁夏人民出版社，1982年，第32页。

军镇下分设东路、西路、中路三路防御，分别镇守不同地方。东路参将，正统八年（1443 年）置花马池营，设右参将分守宁夏东路；西路参将，宁夏西路远在黄河之处与甘肃庄浪接壤，以左参将充任。主要任务平日是固守城池，遇敌则相机剿杀；中路参将，嘉靖八年（1529 年）改设灵武守备为中路参将，驻扎灵州，横城堡、清水营一带边堡悉听节制。

三路参将以下是协同。东路协同，成化五年（1469 年）设立，分守兴武营；西路协同，也是成化五年设立，分守广武营；南路与北路各置钦依守备，正德五年（1510 年）吏部尚书杨一清建议：

北自平虏城，南抵大坝，三百余里兵势不连，难于为御。奏以镇城以南地方属大坝守备，镇城以北地方属平虏城守备[1]。

南路驻大坝邵岗堡，"以邵岗视大坝为适中，守御实便，故驻扎焉"。领玉泉营[2]。北路驻平虏城，领威镇堡[3]。

另，宁夏镇有方面都指挥、坐营指挥，及宁夏东路管粮通判、西路管粮通判等职。又设把总、千总都指挥等。每两个把总所司军队，属一都指挥统领。

镇守总兵官亲自指挥的军队称正兵；协守副总兵官指挥夺兵；游击将军指挥游兵。三者任务各有不同，后两者与其主官职责密切相关。嘉靖以后巡抚、总兵亲统士兵被称为标兵，这些标兵是主力中的精锐，促进军事建置的正规化，也与普通营兵加速分离形成一套独特的规模。

明代初年的边镇防御主要依赖卫所，卫、守御千户所承担营、堡的防守职责。宁夏防区有五卫：宁夏卫、左屯卫、前卫、右屯卫、中屯卫。

宁夏卫，领五千户所，五十百户所；领潘昶堡、金贵堡、李祥堡、河西寨、杨和堡、王泰堡、王鋐堡、任春堡、叶升堡、汉坝堡、河中堡十一堡；并领镇守墩等四十二座烽堠。

宁夏左屯卫，领五千户所，五十百户所；领蒋鼎堡、陈俊堡、瞿靖堡、林皋堡、邵岗堡、李俊堡、王佺堡、林武马站堡、刘亮堡、魏信堡、张政堡、唐铎堡、许旺堡、王澄堡十四堡；领宁朔墩等五十三座烽堠。

宁夏前卫，领五千户所，五十百户所；领谢保堡、张亮堡、李纲堡、丁义堡、周澄堡、平虏城、威镇堡、宋澄堡、黄沙马寨堡九堡；领双山北旧墩等四十五座烽堠。

宁夏右屯卫，领五千户所，五十百户所；领大坝堡、靖夷堡、杨显堡、靖虏堡、威远堡、平胡堡、雷福堡、桂文堡、常信堡、洪广堡、高荣堡、姚福堡、镇朔堡、杨信堡、镇北堡、平羌堡、新兴堡等十八堡；领石关儿墩等四十一座烽堠。

宁夏中屯卫，领五千户所，五十百户所；领虞祥堡、汉伯渠堡、金积堡、中营堡、镇河堡五堡；领大沟墩等七座烽堠。

宁夏镇官兵原额应为五万六千一百五十九名，但据杨守礼统计，嘉靖十九年（1540 年）实有二万五千六百二十一名[4]。这还不是最少的时候，有时仅有一万多人。

固原镇，也称陕西镇，洪武二年（1369 年）都督耿炳文守陕西，并置陕西行省，永乐初立镇后或废，宣德十年（1435 年）再立陕西镇，弘治十五年（1502 年）五月陕西总制移驻固原。固原城北朝

〔1〕（明）胡汝砺编，（明）管律重修，陈明猷校勘：《嘉靖宁夏新志》卷 1，宁夏人民出版社，1982 年，第 38 页。

〔2〕同上，第 84 页。

〔3〕同上，第 87 ~ 88 页。

〔4〕（明）胡汝砺编，（明）管律重修，陈明猷校勘：《嘉靖宁夏新志》卷 1，宁夏人民出版社，1982 年，第 80 ~ 81 页。关于本镇原额官兵记载并不一致，如魏焕《皇明九边考》卷八载，嘉靖年间原额马步、守城及冬操夏种舍余士兵并备守御官军共七万二百六十三名；实在三万五千一百四十四名。上报兵部的统计数据与实际所在仍有较大的出入。

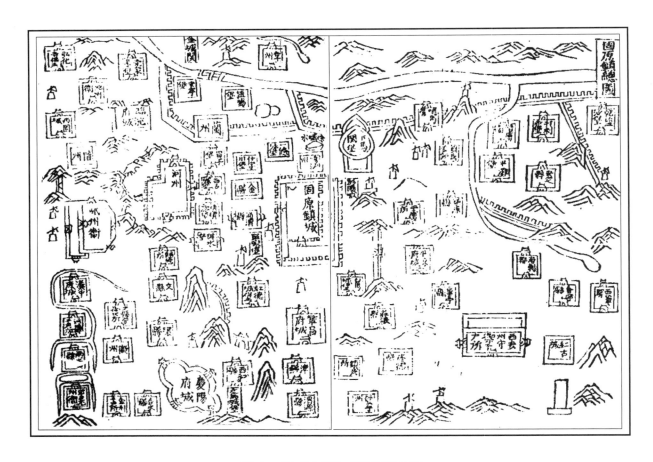

图三　《九边图说》载固原镇总图

隋唐为重镇，宋设镇戎军、州，元城废，属开城县辖。景泰二年（1451年）陕西苑马寺奏修固原城，景泰三年（1452年）在固原设守御千户所。成化三年（1467年）开城县徙治固原。弘治十五年（1502年）升县为固原州。固原原来号称腹里，只有在黄河结冰时，游牧人才踏冰而来。但明中期以后，除冬季结冰时入掠，也会在黄河不封冻的季时乘虚浮来犯，并成常态[1]（图三）。

从弘治十年（1497年），尤其弘治十四年（1501年）火筛部大举由花马池入寇平凉、凤翔、临、巩昌等府州，十五年（1502年）兵部建议设大臣一员，开府固原，总制延绥、宁夏、甘肃、陕西四镇军务，成为常设职务。三边总制，后称三边总督，又称提督，其职责是总理三边军务，一般的职衔是巡抚陕西右副都御史，或右都御史，同时有太监监督军务。也有以尚书衔总督三边。其职权甚大，范围很广，职级上也高于巡抚。"四镇兵马钱粮，一应军务，从宜处置，镇、巡以下悉听节制。军前不用命者，都指挥以下听军法从事"[2]。《广阳杂记》：

明三边总制，驻扎固原。军门为天下第一，堂皇如王者。其照墙，画麒麟一，凤凰三，虎九。以象一总制，三巡抚，九总兵也。河西巡抚驻兰州，河东巡抚驻花马池，陕西巡抚驻西安。甘、凉、肃、西、宁夏、延绥、神道岭、兴安、固原各一总兵[3]。

---

[1]　《九边图说·固原镇图说》，隆庆三年刻本，第140页。

[2]　万历《大明会典》卷209《督察院一·督抚建置》，万有文库本，商务印书馆，1963年，第7页。

[3]　《广阳杂记》卷1，中华书局，1957年，第35页。

根据吴廷燮《明督抚年表》统计，从弘治十年（1497年）到崇祯十七年（1644年）的147年间，共有61人担任过三边总督（制）。其中著名人物有王越、杨一清、王琼、唐龙、石茂华、洪承畴、孙传庭等[1]。

巡抚陕西地方赞理军务都御史一员，驻陕西省城西安，负责全省军政事务。

镇守总兵官一员，驻扎固原城，负责操练军马，抚恤兵民，修理城池，防御贼寇。若遇有警则专领固原等处军队应迎。

固原镇防区，原有黑水、镇戎、平虏、红古、板井、彭阳等城；西安州、海喇都等营；环、庆则有走马川、青平山城、甜水等城堡；靖虏、兰州则有干盐池、打剌赤、一条城、十字川、西古城、积积滩等堡。固原镇设立后，以固（原）、靖（虏）、甘（州）、兰（州）四卫隶属。另设兵备五员，分别驻固原、岷州、兰州、庆阳、汉中五州府。依明制兵备守卫地城为一城一地，听总督、巡抚节制。

极冲地方设参将、游击或守备统领。固原镇有兰州参将一员、河州参将一员、固原镇游击二员、靖虏卫游击及守备各一员、西安千户所游击一员、红德（古）城游击一员、下马关守备一员、环县千户所守备一员。

次冲地方有洮州参将一员、岷州守备一员、阶州千户所守备一员、西固城千户所守备一员。

又次冲地方有陕西参将一员、汉中府守备一员[2]。

这样，固原镇防区大体相当于今宁夏中南部、甘肃中东部、陕西中南部等处。本镇官兵原据《九边图说》载，原额七万一千九百一十八名，实在五万五千二百六十七名[3]。《明会典》则作原额官军一十二万六千九百一十九名，具额九万四百一十二名。

官僚体系非常完整。在九边官员配置中固原、宁夏二镇属于中等偏下水平，大约只相当于蓟镇的少一半。固原镇明季中叶以后地位逐渐重要，除三边总制驻锡固原外，"套寇"的频繁入侵也是一个重要原因。随着军事形势的消长，军镇的职官防区设置均有所变动，以上二镇职官设置表现某一特定年代的配置，并不是终明一世设置。

三　宁夏、固原镇边墙的修筑

明代边镇的防御体系主要由城堡、边墙、烽火台等部分构成。城、堡是军事首脑指挥机关驻地，边墙是防御工事，烽火台则是警报传递系统。防御的建设围绕着以上系统修建，贯穿整个明代二百多年，成为明政府的国策，进而也使政府背有沉重的财政负担，成为导致灭亡的重要原因之一。

烽燧传递系统是一种古老的边境御敌方式，如边境遇敌来犯，便在烽燧上燃狼烟示警，接力传递，直至镇城或京师。明代初年首先重视建设的是烽火台系统。"边卫之设，所以限隔内外，宜谨烽火，远斥堠，控守要害，然后可以詟服胡虏，抚辑边氓"[4]。宁夏的烽燧体系明初基本上建立，但却不甚完备。天顺七年（1463年）二月左副都御史王竑奏请在宁夏中卫、庄浪等处增立墩台，以严备边。这样的提议受到宁夏镇镇守、总兵、巡抚等地方大员的质疑："边外立墩举火，腹里移文驰报，自为定例，行之已久，未有不便。若腹里增设墩台，诚恐虏贼入境，炮烽四起，官军往之御者，无以适从。人民

---

〔1〕（明）吴廷燮撰，魏连科点校：《明督抚年表》卷3"陕西三边"，中华书局，1982年，第200～221页。

〔2〕《九边图说·固原镇图说》，隆庆三年刻本，第141～142页。

〔3〕同上，第142页。

〔4〕《明太祖实录》卷148"洪武十五年九月丁卯"，台北"中研院"历史语言研究所校印，1961年，第2339页。

之散处者反致惊疑，是徒劳人力，无益边备也。"[1]由于有这样的异议，腹里设墩传烽的意见没有被采纳。但到了成化年间类似的建议两次浮上台面，并获得支持。成化二年（1466 年），宁夏左中右三路虽然地居要冲，但中路灵州以南二百八十里原来并无墩台。因此，东、西二路营堡墩台相去甚远，无法相连通讯，给蒙古人留下很大的空当。兵部尚书王复奏议：

> 请以东路兴武营移至近里，与花马池、灵州东西对直各一百里。自花马池东南红山儿至环县等处，西南长流水至小盐池等处，西路自河北分水岭至固原半个城等处，及永安墩至靖虏等处，中路灵州至石沟儿一路往韦州、胡芦碤等处，一路接小盐池至萌城等处，每二十里添设墩台一座，共五十有八座……每墩拨给五人看守瞭望。庶几营堡相连，烽火相接，而易于应援[2]。

墩台的建立，保证了军警信讯的顺畅传递，墩台在以后年代成为边将修建、维护的重点。

明代长城的修筑始于蓟州、辽西，最初只是一些简陋的挡马墙，如宣德年间蓟州就有修口外长城拦马石墙的记载[3]。明初，宁夏防线的压力并不太大，随着放弃套内政策的实施，一些移居套内的蒙古部落毛里孩、小王子等逐渐壮大，频次内侵，宁夏、灵州乃至固原防线屡遭突破。宁夏一城远居河外，东西千里，仅凭墩台城堡守备，临边并无屏障可依托。有鉴于此，成化二年十一月兵部尚书王复与地方大员商议，北面沿边墩台空远者，增添三十四座，并且"随其形势，以为沟墙，必须高深，足以遮贼来路"[4]。

成化八年（1472 年）大臣叶盛、王越、余子俊与白玉、马文升等人屡次会议研究并上奏章讨论榆林、宁夏一带防务策略。提出"凡虏入寇，必至界石内方有居人，乃肆抢掠。后以守土职官私役官军，招引逃民于界石外，垦田营利，因而召寇。七年六月，因总兵、巡抚官之议，仍依界石一带山势，随其曲折，铲削如城，高二丈五尺，川口左右俱筑大墩，调军防守，以为一劳永逸之计……诏：'从其议，惟修筑边墙，其令本地官军以渐整理，不须借役于民"[5]。成化十年（1474 年）东起清水营，西至宁夏花马池营界碑止，边墙东西长一千七百七十里一百二十步。宁夏巡抚徐廷章、总兵官范瑾在宁夏花马池界碑处接修边墙，向西直达黄河东岸的黄沙嘴，人称"河东墙"，共长三百八十七里，墙高阔一丈，壕口宽一丈，深八尺，共有七十一座墩台[6]。成化十五年（1479 年）宁夏筑沿河边墙，因为从宁夏东路自花马池至黄河，东至平山墩，西至黑山营，中间相去约二百里。原以为前有黄河，春夏可恃，冬季河冻，"套虏"踏冰逾河。"今欲沿河修筑边墙，使东西相接。其西路永安墩至西沙嘴，旧墙低薄颓坏，欲改筑高厚，庶可保障地方"。共用役一万人修筑[7]。河东墙与西长城形成东西两道屏障。

余子俊修边墙的本意是要通过边墙将"套虏"阻隔在中华之外，并不以专控扼要塞为唯一目标：

> 谓虏逐水草以为生者，故凡草茂之地，筑之于内，使虏绝牧；沙碛之地，筑之于外，使虏不庐，是故去边远而为患有常[8]。

〔1〕《明英宗实录》卷 349 "天顺七年二月壬戌"，台北"中研院"历史语言研究所校印，1961 年，第 7017 页。

〔2〕《明宪宗实录》卷 37 "成化二年十二月己酉"，台北"中研院"历史语言研究所校印，1961 年，第 729 ~ 730 页。

〔3〕《明宣宗实录》卷 57 "宣德四年八月癸未"条载：蓟州守备都督陈景先奏"六月淫雨，山水泛涨，山海、永平、蓟州口外长城、拦马石墙及建昌诸营，山海、永平诸卫城垣皆颓塌"。上谓工部臣曰："口外城墙及诸营堡俱系边防要切，就令景先即督官军修之"。台北"中研院"历史语言研究所校印，1961 年，第 1358 页。

〔4〕《明宪宗实录》卷 36 "成化二年十一月己丑"，台北"中研院"历史语言研究所校印，1961 年，第 716 页。

〔5〕《明宪宗实录》卷 102 "成化八年三月庚申"，台北"中研院"历史语言研究所校印，1961 年，第 1997 页。

〔6〕弘治《宁夏新志》卷 1 "边防"，1988 年复制本，第 38 页；（明）胡汝砺编，（明）管律重修，陈明猷校勘：《嘉靖宁夏新志》卷 1 "边防"，宁夏人民出版社，1982 年，第 19 页；魏焕：《皇明九边考》卷 1 "镇戍通考"，谢国桢影印嘉靖刻本，第 8 页。

〔7〕《明宪宗实录》卷 197 "成化十五年十一月丁未"，台北"中研院"历史语言研究所校印，1961 年，第 3471 页。

〔8〕（明）胡汝砺编，（明）管律重修，陈明猷校勘：《嘉靖宁夏新志》卷 1 "边防"，宁夏人民出版社，1982 年，第 19 页。

这样的深谋远虑，并不是每个守边将领所能理解的。所以有人感叹道："盖百年成之而不足，一日弃之而有余矣"。具体表现在施工上，如兴武营筑墙土沙相半，不堪保障[1]。

成化二十三年（1487年）陕西巡抚修筑宁夏中卫野鹊沟等处边墙与芦沟、深井等处营堡、墩台等[2]。

弘治年间，小王子率大军驻牧河套，引起明守军不安，宁夏巡抚王珣上奏增修河东墙，预计标准为墙厚三丈，高二丈，并在墙内外各挖掘深宽各三丈的沟堑，秦纮任三边总制后宁夏巡抚刘宪重提此议。秦纮考察后认为：

> 若使此墙果能阻贼，墙尽之处即黄河南岸，冬深河冻，可以履冰逾越，亦徒劳无益……（刘）宪欲西安等八府起夫五万修墙。宁夏、延绥其三百里，墙沟三道通计九百里[3]。

显然不可行。他的方案是花马池以北柳杨墩、红山墩以西二百里筑十堡，花马池至小盐池二百里间每二十增筑一小堡。兵部采纳了秦纮的方案。

河东边墙的大规模修筑、维修集中在嘉靖年间，《皇明九边考》记载：

> 内外二边之中，清水、兴武、花马、定边各营地方，又套房充斥，纵横往来必由之路。总制王琼自黄河东岸横城起，迤东转南，抵定边营南山口，开堑一道，长二百一十里，筑墙一十八里。后总制唐龙改修壕墙四十里。总制王（琼）接修壕墙一百三十四里。总制杨（守礼）初修壕墙四十里，皆依前墙堑，止于定边营北……于是，套房入内之路，有重险矣[4]。

王琼的修筑标准为"堑深二丈，口阔二丈，底阔一丈八尺；堑内筑垒，高一丈，底阔三丈，收顶一丈二尺；拦马墙高五尺。筑墙必高广皆二丈，垛墙高五尺"。这些防御设施被形象地称为"深沟高垒"[5]。所谓修边，除边墙以外，守将们用了很大的力量在挖深沟壕堑，墙、堑结合被认为是御敌良策。嘉靖至万历百余年间，历任宁夏巡抚都以维修河东墙为重任。

旧北长城，大约修筑于明成化年间。成化二十一年（1485年）五月丙子宁夏巡抚崔让等奏"请于平虏城枣儿沟增筑边墙一道，寨堡一座，墩台三座，兵部准其奏"[6]。这道边墙在北关门，由沙湖西至贺兰山之枣儿沟，有三十五里[7]。嘉靖年间人们对此边墙已所知甚少，《嘉靖宁夏新志》仅云："临山堡极北之地尽头山脚之下，东有边墙，相离平虏城五十余里。"[8]《皇明九边考》亦云："宁夏北，贺兰山黄河之间，外有旧边墙一道。嘉靖十年，总制王琼于内复筑边墙一道，官军遂弃外边不守，以致内地田地荒芜。"[9]嘉靖十年（1531年）修筑北长城的建议实际出于佥事齐之鸾，他在《朔方天堑北关门记》一文中写道：

> 至秋七月，工告成。由沙湖西至贺兰山之枣儿沟，凡三十五里，皆内筑墙，高厚各二丈；外浚堑，

---

〔1〕（明）胡汝砺编，（明）管律重修，陈明猷校勘：《嘉靖宁夏新志》卷1"边防"，宁夏人民出版社，1982年，第19~20页。

〔2〕《明宪宗实录》卷293"成化二十三年八月癸未"，台北"中研院"历史语言研究所校印，1961年，第4975页。

〔3〕《明孝宗实录》卷196"弘治十六年二月己亥"，台北"中研院"历史语言研究所校印，1961年，第3610页。

〔4〕（明）魏焕：《皇明九边考》卷1《镇戍通考》，第8~9页。文中所阙"王□""杨□□"据张雨《边政考》卷7"北虏河套·沿革"条补，第581~582页。

〔5〕（明）胡汝砺编，（明）管律重修，陈明猷校勘：《嘉靖宁夏新志》卷1"边防条"，宁夏人民出版社，1982年。王琼：《北虏事迹》载"乃于花马池一路长三百里为之深沟高垒，以立大险，限隔华夷"。《王琼集》，山西古籍出版社，1991年，第82~83页。

〔6〕《明宪宗实录》卷266"成化二十一年五月丙子"，台北"中研院"历史语言研究所校印，1961年，第4511页。

〔7〕（明）张雨：《边政考》卷3"宁夏卫"，《中华文史丛书》第14册，（台北）华文书局，1969年，第132页。

〔8〕（明）胡汝砺编，（明）管律重修，陈明猷校勘：《嘉靖宁夏新志》卷1"宁夏总镇"条《杨守礼上疏》，宁夏人民出版社，1982年，第92页。

〔9〕（明）魏焕：《皇明九边考》卷8《宁夏镇·保障考》，谢国桢影印嘉靖刻本，第4页。

深广各一丈五尺有奇。墙有堞可蔽，有空可下视以击射。为关门二，东曰"平虏"，中曰"镇北"。其上皆为堂，若干橹，其下各增城三面，为二堡……沙湖东至黄河凡五里，水涨则泽；竭则墟，虏可窃出。皆为墙，高厚一丈五尺，堑深广一丈，以旁室其间道。于是，宁夏河山如故，而扼塞之险一新[1]。

其实，北关长城的修筑实属无奈，因平虏城以北孤危难守，供饷不便，守军逃散，有名无实，才迫使守将出此下策，在平虏城北十里处筑此边墙[2]。原选址并不在这里，由于前者工程浩大，费役甚众，才改线于此。

西长城，"自靖虏芦沟界迤北，接贺兰山。山四百一十一里，迤北接北长城。自西而东三十里，接黄河"[3]。成化九年（1473年）开始从甘肃靖远起至宁夏黄河两岸，修筑扼塞，防止"套虏"伺机渡河。先在"双山南起至广武界，长一百余里修边墙"。成化十五年（1479年）镇守宁夏太监龚荣奏"其西路永安墩至西沙嘴，旧墙低薄颓坏，欲改筑高厚"，遂使役一万人筑墙[4]。西边墙主要部分，是北自赤木口（今三关口），南抵大坝堡，八十余里。嘉靖十年（1531年）佥事齐之鸾上书总制王琼维修边墙，"初闻是议，父老以为不可，将士以为不可，制府亦以为不可"，齐之鸾力排众议，使役丁万余人，费时六月方成。但因此地风沙漫天，壕堑数日悉平，需时加挑浚，然随挑随淤，军民苦不堪言[5]。西边墙防御中赤木口关是重点，嘉靖十九年（1540年）杨守礼等主持大修，称贺兰山"盖山势到此散缓，蹊口可容百马，其南抵峰仄经通虏窟者，不可胜塞。山麓有古墙，可蹴两倾也"。用三月之功，砌成石关，并向南北两山延展筑墙[6]。万历、天启年间西边墙获得进一步的维修和加固。

固原镇的长城主要指固原内边墙，又称固原内边。弘治十四年（1501年）朝廷起用已经退休的南京户部尚书秦纮为代理固原三边总制。弘治十五年（1502年），总制尚书秦纮奏筑固原边墙，自徐斌水起，西至靖虏营（今靖远）花儿岔止六百余里，向东至饶阳界止三百里，这就是固原内边[7]。当年"三月起至八月止，共修砦堡、崖穴、关隘一万四千一百九十处，铲过山崖三千七百余里"[8]。嘉靖九年（1530年）三边总制王琼维修秦纮所筑固原内边，西起靖虏卫花儿岔，东至饶阳界，"开堑、斩崖、筑墙，各因所宜"[9]。具体是"挑挖响石沟至下马房旧堑三十里，俱深二丈，阔二丈五尺，南面堑土筑墙，连沟共高三丈。又修理下马房西接平虏、镇戎、红古城、海喇都、西安州五堡坍塌边墙一百二十五里，随山就崖，铲削陡峻。又于干盐池地名沙岘铲挑沟，长四十里，深险壮固，以绝西入临巩之路"[10]。固原内边，除维修边墙外，主要采用挖壕设堑、铲削山险墙，经修缮的固原内边，被称为"关中重险"。

"徐斌水新边"是依托固原内边修筑的一道长城。它沿着罗山西麓的徐斌水向北至中宁县鸣沙镇黄河南岸修筑。嘉靖年间三边总督刘天和上奏道：

〔1〕（明）胡汝砺编，（明）管律重修，陈明猷校勘：《嘉靖宁夏新志》卷1《宁夏总镇》之《朔方天堑北关门记》，宁夏人民出版社，1982年，第90页。

〔2〕（明）胡汝砺编，（明）管律重修，陈明猷校勘：《嘉靖宁夏新志》卷1《宁夏总镇》之《杨守礼上疏》，宁夏人民出版社，1982年，第92页。

〔3〕（清）张金诚修，（清）杨浣雨纂：《乾隆宁夏府志》卷2《地理·边界》，宁夏人民出版社，1992年，第68页。

〔4〕《明宪宗皇帝实录》卷197"成化十五年十一月丁未"，台北"中研院"历史语言研究所校印，1961年，第3471页。

〔5〕（明）胡汝砺编，（明）管律重修，陈明猷校勘：《嘉靖宁夏新志》卷1《宁夏总镇》，宁夏人民出版社，1982年，第85页。

〔6〕（明）胡汝砺编，（明）管律重修，陈明猷校勘：《嘉靖宁夏新志》卷1《宁夏总镇》，宁夏人民出版社，1982年，第85~86页。

〔7〕（明）魏焕：《皇明九边考》卷1《镇戍通考》，谢国桢影印嘉靖刻本，第8页。

〔8〕（明）秦纮编：《秦襄毅公自订年谱》第40册，北京图书馆馆藏珍本年谱丛刊，北京图书馆出版社，2001年，第107页。

〔9〕（明）魏焕：《皇明九边考》卷1《镇戍通考》，谢国桢影印嘉靖刻本，第8页。

〔10〕（明）王琼撰，单锦珩辑校：《设险守边图说》，《王琼集》，山西古籍出版社，1991年，第93~95页。另详见（明）王琼：《设重险以固封守奏议》，《嘉靖·万历固原州志》卷2"奏议"，宁夏人民出版社，1982年，第125~126页。

惟西路自徐斌水至黄河岸六百余里，地势辽远，终难保障。今红寺堡东南起徐斌水至鸣沙州河岸可百二十里。总兵任杰议于此地修筑新边一道，迁红寺堡于边内。撤旧墩军士使守新边，舍六百里平漫之地，守百二十里易据之险，又占水泉数十处。断胡马饮牧之区，而召军佃种，可省馈饷，计无便于此矣[1]。

此议遭到给事中朱隆熹等人的强烈反对，依祖宗之制，河套属中国，余子俊修边之后，等于不以黄河为界，才使河套为虏所据。王琼弃镇远关，修新边，才使延、宁两镇腹背受敌，今又要旧边不守，直接将红寺堡五百里地尽弃胡中。嘉靖皇帝斥责"擅兴妄议"，并处分宁夏总兵任杰。

虽然没有得到中央政府的批准，刘天和的计划实际上得到实施。《皇明九边考》载：

红寺堡直北稍东，总制刘天和新筑横墙二道，以围梁家泉，直北稍西旧有深险大沟一道。受迤东碌（罗）山之水流于黄河，长一百二十五里。总制刘天和堑崖筑堤一百八里五分，筑墙堡一十六里八分，自大边自此，重险有四道矣[2]。

《固原州志》亦载："嘉靖十六年，总制刘天和修干沟涧六十余里，挑筑壕堤各一道。复自徐斌水迤鸣沙州黄河岸修一百二十五里，增茸女墙始险峻。"[3]隆庆年间成书的《九边图说》中即绘有下马关至黄河岸的徐斌水新边[4]。

至此宁夏长城防御的几条主干线路得以确立，虽然此后的修缮、维护一直在延续，甚至在万历年间一度掀起重要关堡砖石整筑的高潮，但大规模的修边活动基本结束。上述有明确历史记载的宁夏南北修边里程共计达三千余里，剔除重复修缮及出宁夏境部分，仍有两千余里。事实上，出于邀功心态及统计方式的不同，史料所载的修边活动，更为惊人。弘治年间，秦纮在边三年，即修边达数千里，修筑城堡关隘一万四千余处。

以上我们用简略篇幅勾画出明代宁夏、固原二镇边墙修筑的大致情况（图四；彩图一）。关于修筑边墙的一些细节，包括主张修筑和反对派意见显然不能一一呈现。突发的事件亦会影响主将及朝廷的决策，毕竟修边需要动员大量的人力物力，加重民众负担，亦会激起民变。例如，正德年间，杨一清任三边总制，大举发丁修边，宁夏、西安等二十四卫所四万余人，加上西安等七府的五万人，共九万余人。修筑徐廷章等成化年间所筑旧边，计划高宽各二丈，另在墙上修盖暖铺九百间，挑浚旧堑深宽亦各二丈，准备四个月时间完工。正德二年（1507 年）四月兴工，起自横城向东筑墙三十里后，人众聚集，汲爨艰难，又皆露宿，风雨无所避，多生疾病，"人心怨怼，遂折杆悬旗呼噪，欲溃散。管工官令骑兵围而射之，乃止。一清知众情难久，下令：筑完花马池城完即放散。五日而城完，乃散归"[5]。

边墙修筑的质量与所投入人力有很大的关联，大量的人力投入，意味着更大的财政支出。修边支出从明季中叶起占财政收入的比例逐渐上升，造成直接上级主管部门户部与兵部关系紧张，相互攻击。最后成为两难，边墙破旧，不堪防御，敌人可肆意入侵，修筑边墙堡寨、壕堑更加重财政负担。有人推算嘉靖十年（1531 年）边镇编列的银两是 336 万余两，万历十年（1582 年）暴增至 827 万余两。而这 827 万两边镇军费，是万历六年（1578 年）国库收入 367 万余两的 2.25 倍[6]。这样财政状况的政

〔1〕《明世宗实录》卷 203 "嘉靖十六年八月庚申"，台北"中研院"历史语言研究所影印本，1961 年，第 4252 页。

〔2〕（明）魏焕：《皇明九边考》卷 8《宁夏镇·保障考》，谢国桢影印嘉靖刻本，第 4 页。

〔3〕《万历固原志》上卷，《嘉靖万历固原州志》，宁夏人民出版社，1985 年，第 114 页。

〔4〕《九边图说》之"固原镇图说"，隆庆三年刻本，第 144 页。

〔5〕（明）王琼撰，单锦珩辑校：《北虏事迹》，《王琼集》，山西古籍出版社，1991 年，第 64 ~ 65 页。

〔6〕关于边镇所费粮饷的研究，以往有许多研究推测，最近较为完整的研究可参见赖建诚《边镇粮饷——明代中后期的边防经费与国家财政危机（1531 ~ 1602）》（联经出版公司，2008 年），尤其是第 311 ~ 323 页。

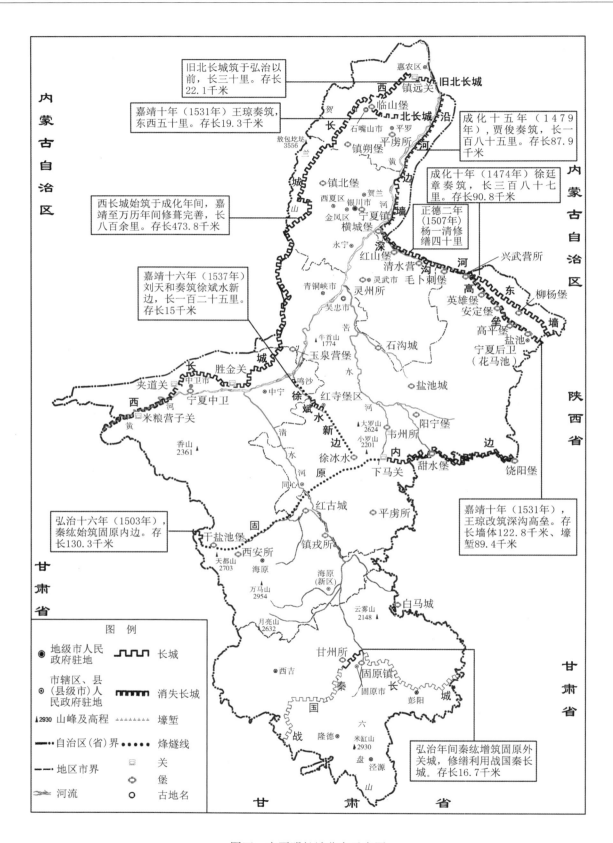

旧北长城筑于弘治以前，长三十里。存长22.1千米

嘉靖十年（1531年）王琼奏筑，东西五十里。存长19.3千米

成化十五年（1479年），贾俊奏筑，长一百八十五里。存长87.9千米

成化十年（1474年）徐廷章奏筑，长三百八十七里。存长90.8千米

正德二年（1507年）杨一清修缮四十里

西长城始筑于成化年间，嘉靖至万历年间修葺完善，长八百余里。存长473.8千米

嘉靖十六年（1537年）刘天和奏筑徐斌水新边，长一百二十五里。存长15千米

嘉靖十年（1531年），王琼改筑深沟高垒。存长墙体122.8千米、壕堑89.4千米

弘治十六年（1503年），秦纮始筑固原内边。存长130.3千米

弘治年间秦纮增筑固原外关城，修缮利用战国秦长城。存长16.7千米

内蒙古自治区

内蒙古自治区

陕西省

甘肃省

甘肃省

甘肃省

惠农区
镇远关
旧北长城
西
临山堡
北长城沿
石嘴山市
平罗
镇朔堡
平房所
黄河
镇北堡
西夏
贺兰
银川市
金凤区
宁夏镇
横城堡
永宁
红山堡
清水营
深沟
兴武营所
毛卜剌堡
高
柳杨堡
英雄堡
东
安定堡
高平堡
盐池
宁夏后卫（花马池）
石沟城
盐池城
玉泉营堡
牛首山1774
胜金关
鸣沙
徐斌水
阳宁堡
夹道关
中卫市
红寺堡区
大罗山2624
韦州所
宁夏中卫
中宁
新
小罗山2201
内
甜水堡
米粮营子关
黄河
清水河
边
徐冰水
下马关
边
饶阳堡
香山2361
原
同心
红古城
平房所
干盐池堡
固
镇戎所
西安所
天都山2703
海原
海原（新区）
万马山2954
白马城
云雾山2148
月亮山2632
甘州所
秦
固原镇
西古
固原市
彭阳
长
战
国
城
隆德
六
米缸山2930
盘
泾源
山

敖包圪垯3556

兰
山
城
长
河
城
墙
长
城

图　例

◉ 地级市人民政府驻地
◎ 市辖区、县（县级市）人民政府驻地
▲2930 山峰及高程
━━ 自治区（省）界
-- 地区市界
〜 河流

〓 长城
▓ 消失长城
▲▲▲ 壕堑
•••• 烽燧线
▢ 关
◇ 堡
○ 古地名

图四　宁夏明长城分布示意图

府可以支撑多久，是显而易见的。难怪前人说过明朝亡于修边。虽然，明代边墙修筑的得失教训总结并非本书所担负的目标，但是历史文献中所提供的全面信息却是研究者不应忽略的。

四　考古调查所见的长城

田野长城调查的对象，有长城本体、附属设施以及相关遗迹等等，涉及长城防御体系中的各类遗迹。不过，镇城、堡寨等规模较大城池由于远离长城现址并不在调查的范围之内。

长城本体

包括长城墙体及墙体上的设施，如敌台等。墙体是长城建筑的基本形式，由于全区境内地理环境复杂，基本上按照地形的变化修筑，平地夯土筑墙。山谷与山谷之间修成山险墙。部分重点地区用石头垒砌。墙体剖面的形状一般是上小下大呈梯形。有的墙上有垛口，并间隔一定距离有敌台、铺舍。

敌台，又称敌楼。墙体上间距一定距离，修筑一方形高台，前、后、高三面出墙体，用于驻军防御。敌台又分实心和空心两种。实心敌台，上面没有建筑，但可利用凸出部分射击墙下敌人；空心敌台上面有一层或两层建筑，可以驻守墙兵士，亦可存放物资。有的敌台单独建设，形状有方形、圆形和不规则等形。这类敌台之间的距离最短的有40～50米，有的则长达几百米，甚至几千米才有一个敌台。

长城附属设施

与长城相关的附属设施有关堡、烽火台。

营堡，一般沿长城内侧修筑，是长城防御的指挥机构，防守长城的官兵驻地，较大城的规模为小。平面多呈方形或长方形，一般在墙的中部开有城门。四角设有角楼，墙上有马面，城门处有保护城门的瓮城，城墙外有壕堑。城池的功能齐全。

烽火台又称墩台、烽燧，是用于报警的高土台。大多建设在较高的山阜之上，或在地势平坦的开阔处。台体用黄土夯筑而成，上小下渐大，呈覆斗状。高约10米，有的四边有女墙。烽火台大部分建筑在长城外侧，也有修筑在长城内侧。当然，长城与烽火台的修筑，也许有时间先后的关系，可惜这一点我们仅凭考古调查无从了解。烽火台之间的距离从几百米到几千米都有，根据实际需要来决定台体间的距离。除方形，另有圆形、长方形和不规则形等类型。烽火台上备置有烽火烟品，夜燃烽火，昼焚狼烟，视敌情不同而变化。烽火台下是守兵住所和仓储之地，周围有围墙。

长城的相关遗迹

长城的相关遗迹包括壕沟、铺舍、挡马墙、品字窖、驿站、居住遗址等。

壕沟是明代长城的重要组成部分。一般来说用挖沟的土在沟南侧筑墙，墙前形成深深沟堑，用来阻挡敌人的进攻。原来壕沟深在5～6米，由于数百年来风沙堆积，有的地方已夷为平地，但相当多的地方长城外还能看出低凹的情况。

铺舍，依长城内侧修建，用土筑一台，上有房屋之类的建筑，周围地表上有砖、瓦之类的建筑材料分布。

品字窖，也称品坑，长方形坑，每三个成一组，呈品字状排列。设置在长城外侧地势较平坦的开阔地带，用于防御敌人骑兵靠近。

1. 河东长城

河东长城分布在宁夏黄河以东地区，包括今银川兴庆区、灵武市及吴忠市盐池县。所修筑的长城有河东墙（二道边）、"深沟高垒"（头道边）、"沿河墙"（陶乐长堤）和河东壕堑四部分。其中"河东壕堑”在下面述及。

二道边长城（河东墙）

由陕西省定边县苟池西畔村进入宁夏盐池县花马池镇双井子村。然后由东南向西北经夏家墩村、潘记梁等十二个自然村，西北行到达兴武营村后，与头道边（"深沟高垒"）墙体逐渐靠近并行。在张家边壕村出盐池县境，向西进入灵武市清水营村后与头道边（"深沟高垒"）墙体交汇。至此，二道边（"河东墙"）沿途经过二十个自然村，墙体长度为90.8千米。二道边（河东墙）始筑时到清水营后向西至黄河岸边的横城，后为"深沟高垒"所沿用，大约有32千米。

二道边（河东墙）现存墙体低矮窄小。墙体以自然地面为基础，用黄土版筑夯成，墙垣内外均无敌台之类设施。基宽3.5～4米，高3.5～4米。大部分墙体风化坍塌，有的仅存墙基，有的由于墙两侧积沙，只留下略高出地面几十厘米的一道沙梁。有的甚至已消失，仅凭地面观察竟难辨墙体走向。当然保存较好的地方如盐池高沙窝镇红疙瘩村，墙高3.8米。沿墙体共有烽火台52座，基本没有敌台。

头道边（"深沟高垒"）

头道边其实二道边向内收缩后修筑的所谓"深沟高垒"。宁夏境内起点东起盐池县与定边县307国道分界处。由东南转向西北入盐池县花马池镇东郭庄村，经东门村穿307国道，在其北侧西北行，到达红沟梁村又大体呈南北走向。在此弯曲呈"S"形迤逦北行。绕经安定堡，西北行至达兴武营与二道边（河东墙）逐渐靠近，并至兴武营时两道长城合二为一，经红山堡过横城至黄河东岸。沿线经过34个自然村，调查墙体51段，全线总长122.8千米。

头道边（"深沟高垒"）墙体高大，防御设施完备，一般现存高度4～6米，顶部宽1～3米。保存较好的地方，墙高达7～8米，顶部宽4～5米，墙基在10米以上。墙顶外侧有垛墙，内侧有女墙。墙的内外侧有的地方还能见到人工挖成的壕堑遗迹，虽然被风沙填淤成凹槽。墙外侧依墙而建的夯土敌台一字排开，间距大约有200米。敌台总数有521座，已消失的有13座，现存508座。敌台高出长城2～3米。在红山堡长城的外侧约50米处，发现品字窨的绊马坑。品字窨南北共有三排。坑壁较直，长方形，1.2－1.3×0.9米，深约1.2米[1]。《弘治宁夏新志》记载，宁夏巡抚张祯叔、王珣在河东墙外相机置挖"品坑"四万四千多个[2]。墙体沿线有烽火台27座。

沿河长城（沿河边墙）

因为墙体低矮被后人误认为是河堤，今人亦称"陶乐长堤"。墙体遗迹沿着黄河东岸向北方向延续，起自灵武横城，止于内蒙古巴音陶亥农场黄河岸边，隔河与对面旧北长城相望。

沿河长城（沿河边墙）调查长度87.9千米，实际仅以水渠、河堤得以留存3小段，不足8千米。有一段建筑在南北走向的沙梁上，用黄土及少量石块混筑，形如堤坝，最宽处竟达42米，窄处也有20多米，顶宽8米左右，高约4米。墙体沿线仅存3座敌台，其余已消失殆尽。另有10座烽火台存在。

2. 关于所谓隋长城问题（河东壕堑）

在明长城进入盐池东牛毛井处，在县城北头道边与二道边长城之间，又有一条长达25千米与明长城走向基本平行的长城遗迹，原以为是所谓的隋长城[3]。通过调查发现，这道长城遗迹从陕西定边陕宁交界处进入宁夏境内。墙体处于头道边长城北侧数十米处，与之并行向西北方向延伸。经红沟梁一

〔1〕 关于品字窨的发掘情况参见宁夏文物考古研究所等：《宁夏灵武市古长城调查与试掘》，《考古与文物》2006年第2期。

〔2〕 《弘治宁夏新志》卷1"边防·品坑"条。

〔3〕 宁夏文物考古研究所等：《宁夏盐池县古长城调查与试掘》，《考古与文物》2000年第3期。

带与"头道边"长城交汇，向西一直到灵武市清水营附近。全线调查墙体 27 段，分布有敌台 11 座，全长 89.4 千米。这道长城的修筑采用墙体外侧挖壕，内侧堆土的筑墙方式。墙体外陡内缓，两侧有壕堑。墙体断面呈梯形或三角形。从发掘的墙体断面上未发现清晰的夯层，与"头道边"、"二道边"长城明显叠层夯筑区别显著，而基本符合壕堑的堆挖方式。应当是王琼修筑所谓"深沟高垒"河东壕堑及其继任者维修改筑壕墙后的遗迹，而与所谓的隋长城无关。

3. 旧北长城与北长城

旧北长城今俗称红果子长城，位于宁夏石嘴山惠农区，大约修筑于成化年间。主要依托贺兰山、黄河等自然天险和镇远关、黑山营等人工工事构成防御体系（彩图二）。

旧北长城东起石嘴山惠农区黄河西岸的惠农农场，向西经红果子镇，到达贺兰山东麓扁沟山脚，全长 22.1 千米。惠农农场—红果子镇 12.8 千米已经消失，红果子镇以西至贺兰山扁沟脚尚残存 5.8 千米主墙、4.7 千米壕堑，保存较好，又被称为"红果子长城"。因地形与地势所限，沿线设有土墙、石墙、山险墙、壕堑等多种防御形态，其中在沿山向上有一段石墙用不规则石块垒砌而成，顶宽 1.2、底宽 3.5 米，残高 3.8 ~ 5 米，有一处地方上下错位达 1 米，应该是地震所致，是一处著名的地震错位遗迹。调查中还发现与此段长城相关的敌台 2 座、烽火台 2 座、关堡 2 座。

北长城又称北关门墙或大武口长城。西起平罗县高庄乡金星村（俗称边墙头子），向西经惠威村等，逾包兰铁路，再经大武口区兴民等村，止点在贺兰山枣儿沟的临山墩，全长 19.3 千米。实地调查 12 段，地表有长城痕迹者约 12.1 千米。均为夯筑土墙，保存情况较差，残存墙体多坍塌成斜坡状。沿线残存有敌台 6 座、关堡 1 座。

4. 西长城

西长城主要是指宁夏西境沿贺兰山东麓向南修筑的长城防御设施。它北面连接北长城，随贺兰山山势向南，向南至广武营、中宁石空寺，逾胜金关，沿腾格里沙漠边缘环卫中卫城，再向东南行，在沙城头水库峡口跨黄河，至南岸芦沟堡，沿黄河南岸穿黑山峡至甘肃境。沿线有宁夏镇城、中卫城等重要城池，胜金关、赤木关、镇远关及贺兰山三十三隘口等主要关隘，全长有八百多里。

西长城，由于系分段筑成，田野调查也依修筑年代、自然地形和墙体构筑特点等，从北向南大致分为五段进行。经调查统计，西长城全长 473.8 千米，沿线调查敌台 89 座、烽火台 190 座、关堡 16 座。

第一段从惠农区红果子镇西北旧北长城西端与贺兰山相接处开始，沿贺兰山山体向南经平罗、贺兰、银川等市县和数十处贺兰山口，最后抵达三关口的头道关处截止。

该段长城基本沿贺兰山山间行进，充分利用山体的高耸陡峭、攀爬不易等地形优势，在山体连续无法通行处不修墙体，利用山险；在可通行的山沟之间，修建一些封闭山口的短墙。墙体有土墙、石墙或土石混筑三类，长则千米，短的只有 30 米左右。沿线筑有烽火台，每隔一段还有戍守的关堡等。

第二段从三关口至青铜峡市大柳木皋东。起自永宁县黄羊滩西北的三关口，沿贺兰山东麓的山前冲积台地向西南，经永宁、青铜峡和数道贺兰山沟口，至青铜峡市邵岗镇、大柳木皋东西的两道长城交汇处。此段长城亦是今内蒙古、宁夏两省区界线。

贺兰山在此处山体相对低矮，落差不大，不便直接利用山险，而改在山前台地前构筑墙体。墙体以土墙为主，个别地方有山险和石墙。在墙体之外尚有其他土墙、石墙、壕堑作为本体的附墙。有时，这些附墙远离土墙，延伸甚远，与其他长城设施敌台、烽火台或关堡相连，构成综合防御屏障。

其中三关口地带的三道长城最引人注目，经实地调查的三道长城，分别约为 2000 米、1300 米、2400 米，与以往文献记载出入较大。墙体充分利用河谷山体地形，土筑、石砌或劈山作险，虽彼此独立，但相互呼应，自成一体。不过，三关口长城的扼险关隘已经不存在了[1]。

第三段从大柳木皋至中宁与中卫交界处的胜金关。该段长城北起青铜峡市邵刚镇甘泉村以西、大柳木皋东南侧山脚下两道长城交汇处，继续沿贺兰山东麓的山前台地向东南，基本纵跨青铜峡、中宁两市县，沿途经过贺兰山柳石沟、双河子沟、沙沟后，再沿台地向西折，继续沿台地向西南，经红井沟、井沟、阴湾沟、双疙瘩沟、碳井子湾、口子门沟、芦沟湖等诸多山沟，至中宁县渠口农场西北的南湖子沟沟口后，进入贺兰山山间，开始沿山间向西南辗转，从中宁石空大佛寺沟出山，再沿北山台地向西至中卫与中卫市交界处的胜金关处。全长 105 千米。沿线敌台计 12 座、烽火台 70 座、关堡 2 座。

胜金关以西中卫市境内的"西长城"以黄河为界分为南北两段，基本呈东西走向。墙体总长 125.9 千米，消失 25.9 千米，现存墙体 100 千米，分土墙、石墙、挡路塞、山险墙三类。沿线调查敌台 22 座、烽火台 15 座、关堡 4 座。

第四段从胜金关至黑林，即黄河北段。该段墙体东起与中宁县交界的镇罗镇胜金村胜金关隘，胜金关地处黄河北岸高地，傍山临河，路通一线，地势险要。此处长城墙体渐近消失，唯存关墙遗迹。长城遗迹盘桓于胜金关以北由东向西延伸至凯歌村，在凯歌以西上九塘，蜿蜒向北经李园、关庄、郑口、金沙，沿卫宁北山西行进入东园镇的郭滩、新星、黑山、柔新、红武、新滩，穿农林牧场达迎水桥镇的姚滩村。沿腾格里沙漠的东部边缘转折向西南行进至夹道村，包兰铁路在此东西横穿而过，此后长城继续复由东向西延伸经过黑林村，最终至迎水桥镇黑林村位于黄河北岸之边的分水岭～西沙嘴。调查墙体 15 段，全长 50.8 千米，其中消失墙体 26.4 千米。除 1.4 千米石墙外，其余皆为土墙。土墙墙体基础多为自然基础，黄土夹杂沙粒、砾石夯筑，大部分墙体采取分段版筑，夯层平均厚度约 0.12～0.2 米。石墙墙体以毛石干垒，缝隙间夹杂粗砂石粒、碎石块及黄土，壁面较平整。沿线调查敌台 17 座、烽火台 11 座、关堡 4 座。

第五段从下河沿至南长滩甘宁省界，即黄河南段。该段墙体东起中卫市沙坡头区常乐镇下河沿村煤矿厂区，沿黄河向西经上河沿村折南而行，穿大湾村烟洞沟、小湾村冰沟，蜿蜒曲折盘旋下山至大柳树村下园子，又由大柳树上园子西行进入上游村，山险墙盘桓起伏于上游村岔河口大钻洞子、小钻洞子、岔沟、风石湾、米粮营子达迎水桥镇下滩村黄石漩。然后南折西行经下滩村榆树台子、鱼嘴沟、河对坝子、榆树沟、高崖沟、下木头沟、上木头沟，继而穿越上滩村沟口子、苇子坑，经北长滩茶树沟继续沿黄河西行至南长滩枣刺沟、夹巴沟，最终抵于甘肃省靖远县与中卫的交界点——观音崖（又名小观音），开始进入甘肃境内的黑山峡。黄河南段调查墙体 52 段，总长 75.1 千米。墙体由土墙、山口石墙、山险墙三类组成，其中土墙长 6.6 千米，山险墙长 68.3 千米，包括山口短石墙 55 处。该段长城是利用黄河之阻，在山势陡峻之处劈山削石形成峭壁；山沟峡谷跨越处采用山石垒砌形成短墙；平缓的山岗则就地取材，利用黄沙土夯筑墙体。部分铲削墙多位于山沟间或墙体险要地段的外侧。山口石墙（挡路塞）两端连接在山体陡崖之上，距离多不长。调查关堡 3 座、敌台 5 座、烽火台 4 座。

5. 固原内边长城

明代固原镇长城防御主要依托包括旧边、新边、固原城附近修缮过的早期长城以及辖区内大量修建的烽燧、关堡体系。内边长城主线始筑于弘治十五年（1502 年），由总制尚书秦纮创修，自饶阳堡起西至徐斌水三百余里，自徐斌水西至靖虏花儿岔止，长六百余里，为关中重险。分别由固原卫及靖虏卫负责修筑与守御。到嘉靖九年（1530 年）王琼对这道边墙又再次重修完善。墙体类型主要为山险

---

[1]　周赟等：《明代宁夏镇三关口关墙考辨》，《宁夏社会科学》2013 年第 3 期。

墙壕堑，饶阳堡至下马关遗迹可辨，以西仅海原县干盐池附近有少量墙体遗迹，现存部分调查长度130.3千米。墙体类型分土墙、山险墙、山险三类。其中山险近83.2千米，各类人工墙体约46.8千米。烽燧线长约130千米。沿线调查烽火台78座、关堡15座。

徐斌水新边，嘉靖十六年（1537年）由时任宁夏总兵官任杰及三边总督刘天和提议修筑，自徐斌水与固原内边相接，西北抵中宁鸣沙黄河东岸，长一百二十五里，堑崖筑堤一百八里五分，筑墙堡一十六里八分[1]，现调查墙体遗迹位于红寺堡附近的红柳沟河南岸，确认长度15千米，皆为夯筑土墙。墙体沿线及附近区域内还调查相关烽火台15座、关堡5座。

另外弘治年间秦纮三边总制任内增筑固原外关城，共修砦堡、崖穴、关隘一万四千一百九十处，铲过山崖三千七百余里，今固原城郊清水河西岸至西海子峡口调查发现明代修缮利用的战国秦长城调查长度16.7千米。烽火台9座、关堡3座。

自环县抵灵州（今宁夏灵武市）的古环灵道驿路烽燧线与"固原内边"在甜水堡—萌城段相交汇，该烽燧线自甜水堡东南侧大致沿现在的211国道西北行，经盐池县隰宁堡、惠安堡至盐池城与西南—东北走向的固原镇—花马池"防秋道"交汇，过盐池城经石沟城、大沙井城至灵州，此条烽燧线长近150千米，沿线调查烽火台49座，关堡7座。

自固原镇抵宁夏后卫花马池的"防秋道"驿路烽燧线长约300千米，与"固原内边"长城防线在下马关附近交汇，向北经宁夏群牧千户所（韦州城），在盐池城附近与环灵道烽燧线交汇，继续向北经铁柱泉、野狐井等城堡，达于宁夏后卫花马池城及其北边墙。本次从今同心县最南端的鲍地湾烽火台开始调查，北至盐池县花马池镇四墩子烽火台，沿线共计调查烽火台64座，关堡8座。

今宁夏境内（包括甘肃环县段）"固原内边"长城主线及附属新边、烽燧线等防御线路，共计调查墙体遗迹162千米、烽火台215座、敌台1座、关堡38座。

经统计，宁夏考古工作者经过数年努力，野外调查确认墙体1067.9千米，敌台、烽火台等附属设施1134处，关堡136座，即为本次调查的主要收获，也涵盖了宁夏境内明代长城修筑及分布的大致状况。以上数据通过国家文物局项目组认定以调查条目的形式向社会公布[2]。墙体类别依建筑材质及修筑方法可分夯筑土墙、堆筑壕墙、土筑包石、砌垒石墙、铲削山险墙、壕堑、自然山险等数种类型，可谓丰富多样（表一）。

表一　宁夏明长城墙体类别统计表

类别	土墙	石墙	山险墙	壕堑	山险	合计
合计（米）	551517.2	29975.5	99682.2	114937.2	271762.6	1067874.7
百分比（%）	51.6	2.8	9.3	10.8	25.4	100

总体而言，宁夏明长城以土墙居半，其余墙体类型合计居半。以修筑区段划分，河东长城、北长城、西长城三关口至中卫河北段，土墙占绝对主体，而西长城三关口以北段及固原内边响石沟以东段，山险为其大宗。而贺兰山以及中卫黄河南岸黑山峡诸沟口多以石墙砌堵，河东套地及山前平原地带也曾挖设壕堑。这种墙体建筑的类型布局，与墙体修筑地质与地貌条件息息相关，也与主政者因地制宜的修筑原则及防御策略有关。西长城凭依贺兰山，三关口以北段山峰高耸险峻，相对海拔在数百米乃至两三千米间，高耸连绵的山脉构成一道天然防御屏障，使得蒙古游骑很难畅通无阻地进出侵扰，山

〔1〕　（明）张雨：《九边考》卷8《宁夏镇·保障考》，《中华文史丛书》第14册，（台北）华文书局，1969年，第324~325页。
〔2〕　见国家文物局文物保函〔2012〕942号，《关于宁夏回族自治区长城认定的批复》及其附件《宁夏回族自治区长城认定表》。

间仅有几道贯穿山体的山口可资通行，因而以山险为主，仅在山口砌筑多道较短石墙，设置关卡，依山戍守便可阻敌；而三关口以南段，由于山体渐低矮，形成高矮起伏的丘状台地，山口众多，仅凭天险已不足以遏敌，故此段长城不再继续沿贺兰山山体分布，而是改在贺兰山东麓的山前冲击台地上修筑夯土墙体。河东地带与银北平原，皆地形平漫，土脉深厚，适宜筑墙，虽然王琼等人也曾挑挖壕堑，皆因风沙弥漫以失败告终，而最终改筑土墙得以存留御敌。

从墙体类型分布区域看，河东灵盐台地及黄河平原地带，多修筑土墙，而贺兰山地及黄河峡谷，多筑土墙、石墙、山险墙，南部黄土高原地带多铲削山险墙及挖设壕堑，总之是充分利用地形地利条件。整体而言，大边的修筑质量及水平整体较内边、新边为高，这也符合当时修筑者的设防思路与修边策略。

宁夏明长城除固原内边、徐斌水新边及沿河边墙等最初就修筑草率或情况不明且所留遗迹不多的未全程计算，仅将调查中有墙体遗迹的部分或者消失原因明确的部分予以确认。本次调查业已确认墙体中，消失墙体及山险所占比例近半，如今地面可见的人工墙体仅剩 570 千米。女墙、垛口、水洞、暗门、品坑、石刻题记等墙体设施或相关遗迹虽存留不多，但调查中均有发现。相关的调查和记录为今后的保护与研究提供了条件和基础资料（表二）。

表二　宁夏明长城墙体保存状况统计表　　　　　　　　　单位：米

标准	较好	一般	较差	差	消失	合计
合计（米）	120547.4	545425.3	101998.4	74235.9	225667.7	1067874.7
百分比（%）	11.3	51.1	9.6	6.9	21.1	100

与墙体防御相关的单体建筑，诸如敌台、铺舍、烽火台调查有 1000 余座。皆因地而设，类型丰富多样，依形制有实心方形、圆形墩台，亦有空心圆形、多边形墩台；依材质及建筑方式有土筑、石砌、包石、土石混筑、土坯砌筑等多种形式，临墙而建的敌台铺舍及多数烽火台皆为覆斗形，台上有墩铺及防御通讯器械，方便戍卒戍守防御。河东墙安定堡一带万历年间还曾"效云中式"，临墙修建 4 座砖砌敌楼，现存八铺战台即为较好一处，是为宁夏唯一的砖石铺舍。贺兰山及河东灵武一带烽火台临墩多设置有数座石砌附墩，当为传递烽火信号与通告敌情的附属设施。这些敌台墩铺皆有定名，后代不断毁建增减，加之地名变迁，记载不全，至今多已不可考。

宁夏明代有记载关堡多达 100 余座，主要分军堡与屯堡两类。本次调查关堡 60 余座，调查以军堡为主，也有少量屯堡，占地面积从数百、数万至上百万平方米。根据其功能与规模，大致分为四级体系，第一级为九边重镇宁夏、固原城，次一级包括中卫、灵州、花马池等边防重地，第三级为清水营、兴武营、镇戎、平虏、西安州等千户所城以及下马关、白马城等御敌关堡路城，最后一级为一般堡寨及一些规模较小的临墙小堡。各堡墙多为土筑，至万历年间，除镇城、卫城及重要关堡外，对一些重要临边军堡如铁柱泉、安定堡及驿路沿线惠安堡等均进行了大规模的砖石甃固，宁夏、固原两镇包砖城池达二十余座，可惜无一座至今完整保存者（表三）。

宁夏境内长城分布在沙漠、丘陵、贺兰山和黄土高原的沟壑峁梁等地带，自然环境比较恶劣，保存状况不容乐观，许多长城墙体已经消失或损毁严重。除长期受风雨剥蚀、山洪冲刷、风沙淤漫等自然因素破坏以外，人为破坏的情况及原因更受调查人员关注。清代以前长城遭受的人为破坏因素主要为入侵者拆毁、填塞、焚烧等战争行为造成的蓄意破坏。清代以后，长城遭受战争破坏的因素减少，而由于沿线居民生产生活所造成的破坏成为主要因素。关堡为民居侵占，城墙包砌砖石因建房扒拆；墙体、墩堡因垦荒、种地、采矿、修路而被推毁侵占；墙体、墩台内掏挖窑洞，顶部及周围搭建其他设施；一些城堡、墩台被蓄意盗掘掏挖。新中国成立以来，虽然对包括长城在内的文物保护古迹保护力度不断加强，宁夏境内长城先后被公布为各级重点文物保护单位，得到了切实有效的保管维护。但近些年来随着城镇化与工业化不断发展，长城沿线城镇扩容、采矿及工业生产造成的地貌改观、环境污染对长城整体风貌造成的影响以及旅游、建设等过度开发造成的人为损毁正呈逐步加重的趋势，长城保护工作任重道远。

表三　宁夏明长城烽火台、敌台、铺舍、关堡建筑类型统计表

	夯土	包砖	包石	石砌	土坯	合计	百分比
敌台	595	0	2	25	0	622	49.0
烽火台	410	0	10	75	1	496	39.1
铺舍	8	8	0	0	0	16	1.2
关堡	122	14	0	0	0	136	10.7
合计	1135	22	12	100	1	1270	100
百分比（%）	89.4	1.7	0.9	7.9	0.1		

五　调查工作总结与检讨

2009 年 4 月 18 日，国家文物局和国家测绘局在北京八达岭长城联合举行明长城长度数据发布仪式，确认我国明长城东起辽宁虎山，西至甘肃嘉峪关，从东向西行经辽宁、河北、天津、北京、山西、内蒙古、陕西、宁夏、甘肃、青海十个省（区、直辖市）156 个县域，总长度为 8851.8 千米。其中宁夏段近 800 千米。由于这是基于调查认定墙体基础上全国范围内的长城长度的影像立体测量，涉及各省的调查数据并未完整公布。宁夏明长城最终的长度统计数据之所以与此前认定有较大出入，主要有以下几方面的变动：（1）原州区明代重修的战国秦长城及山险墙段长 16735.8 米，以前未统计；（2）红寺堡区 15036.2 米墙体公布数据时未调查，没计入；（3）河东壕堑 89498 米公布数据时未调查，没计入；（4）河东长城兴武营至清水营段内蒙古调查的头道边、二道边长城合计 82532 米；（5）西长城青铜峡赤木关至北岔口段内蒙古调查的大边、二边长城合计 79592 米[1]。以上 5 项合计增加长度283134 米，除去增加部分，与上述最初的宁夏长城墙体长度数据基本相符。

另外需要指出的是，国家文物局与国家测绘局联合公布的全国明长城长度及各省长城长度为利用野外调查数据结合测绘技术按线路进行总体量测校正，对调查记录的资料并未逐段校正。由于手持GPS 设备本身存在信号、校正等方面的误差，以及 GPS 两点间测量只能取直线距离的技术缺陷，因此野外调查逐段相加统计的墙体长度与测绘整体投影校正的长度数据并不相符，为了尽可能地消除误差与技术缺陷，在报告编写中，我们利用制作 1∶10000 比例墙体走向图的机会，根据实际墙体地形走向，利用测绘软件逐段对野外测量数据进行了校正，一般校正长度略长于原先的直线测量数据。

同时调查中出于工作要求及后期报告编写需要，在各级领导的大力支持下，我们还自行开展了以下几项工作：（1）组织补充调查了宁夏、内蒙古交界地带河东长城兴武营至清水营段、西长城青铜峡

〔1〕　内蒙古自治区文化厅（文物局）、内蒙古文物考古研究所编著：《内蒙古自治区长城资源调查报告·明长城卷》，文物出版社，2013 年。

赤木关至北岔口两段原属内蒙古调查的长城墙体，补充完善了宁夏明长城墙体数据；（2）与天津大学建筑学院合作，用遥控无人机对宁夏明长城20余处重要关堡及墙体段落进行了航拍，利用航拍成果，制作了360°空中全景环视动画视频资料；（3）购置RTK专业测绘仪器，对长城资源调查涉及的60余座关堡进行了考古测绘，绘制了较为准确的平剖面图；（4）与宁夏第二测绘院合作，按1：10000比例，绘制了所调查现存长城墙体两侧1公里范围内墙体走向图200余幅。

通过长期的实地调查，培养了一批长城研究保护专业人员，通过他们的调查、保护、宣传以及研究工作，加深了社会各界对宁夏长城的关注及了解程度，纠正了以往一些错误认识，发现了新问题，带动了民众参与长城保护与研究的热情与积极性。通过长城调查建立了完善便捷的大数据记录分析系统及完整的长城记录保护档案，通过调查数据的统计分析，基本了解了宁夏长城的保存状况、存在病害等重要问题，为维修保护规划方案的制定完善及长城抢险加固工程顺利实施提供了大量基础的参考数据及重要调查依据。

当然，基于一项以现状、病害及保护为目的专项文物普查，距离最终完成一项严谨、科学的考古调查报告的要求相距甚远。尽管调查者具有相对专业的学术素养与训练，后期报告编写期间又做了必要的补充调查与学术补救，但工作不足与缺漏仍明显存在。

1. 调查全面性仍有缺漏

宁夏明长城调查缺漏主要存在以下几个方面：（1）长城资源调查工作开始阶段重点强调墙体的确认和量测，调查基本遵循以墙体为主线，辐射两侧数公里的路线设计，并未完全按照完整的长城防御体系开展工作，因此距离墙体较远的关堡、烽火台等设施未能完全顾及。虽然后期做了补充调查，但与地方文物普查、测绘影像等资料信息对照仍有遗漏。（2）由于宁夏部分长城处于省界地带，或者部分段落遗迹延伸入相邻省境，按照项目安排，由毗邻省份按分布地域划分段落分别开展调查工作，这也影响了对这一条连贯长城调查数据的整体把握。（3）受时间、经费影响，固原内边同心县以南至固原城区域内的长城相关遗迹并未细致全面开展调查工作，同样，按照长城防御体系的配置要求和标准，宁夏南部彭阳、西吉、隆德等县也有大量相关防御设施，由于没有墙体，本次也未全面开展调查工作。（4）对一些半途而废的长城工程以及废弃较早湮没无闻的长城遗迹缺乏深入研究与细致调查认定，实际调查中有所轻视忽略。譬如王琼主建因选址不当而改线的北长城废弃段、王珣主持修筑的"靖虏渠"防御工程，以及部分早年废弃拆毁长城沿线关堡，这些遗漏使得后来不断有新长城遗迹线索的发现，随着调查研究深入及报道宣传后，使调查工作出现亡羊补牢式的被动局面。

2. 墙体类型、保存状况等相关评判认定及标准仍有纰漏

由于明长城体量巨大，防御工程复杂多样，调查工作参与人员众多，各地情况复杂多变，虽然调查工作手册中规定了详细完善的各类遗迹认定依据及评价体系，并有前期的野外实践培训。但分析比较调查资料，发现相关认定评判仍存在误差和异议。譬如修筑情况基本相似的西长城，由于分属两队调查，沙坡头区黄河峡谷段除土墙外，多认定为山险墙，其间小段石墙归为挡路塞；沙坡头区以北其余县区分别认定为为石墙、山险、山险墙、壕堑。关于长城墙体的性质判定盐池县东长城（包括头道边、二道边）两道人工土墙，共长160141米，评价标准认定中没有差段（内蒙古调查的二道边墙体长30701米，保存差部分长14035米，头道边长51831米，保存差2282米）。

关于消失部分，沿河边墙有80千米为消失段，消失原因为黄河冲毁，现存仅7.9千米，史志记载这段墙体为防止水冲，墙外曾有包石，可见当时对此是十分重视并下了大气力修筑的。但这80千米是否尽已水毁无存，仍需做详细的地面勘察与调查访问，不排除流沙掩埋，改造利用为田埂、水渠等情况，断续发现墙体线索，这对了解这道墙体的具体走向与黄河近500年来改道变迁有重要

参考意义。

关于山险与山险墙的认定。以山以河为险自古有之，山险对于贯通墙体走向，了解墙体修筑的地质、地形条件及设防思路变化有重要参考意义，因此，山险属于长城墙体的组成部分并无大的异议。但山险与山险墙虽一字之差，性质殊异。山险本质上属于利用自然地形，而山险墙明确为人工建筑，明代对于长城防线建设相当重视，山巅陡崖筑墙砌垒并不鲜见，河流冲沟设有水关、水洞，以使墙体连缀、保障无虞。因此大段的山险可能并不符合当时的实际。例如本次调查的西长城西夏区段近 40 千米皆为山险，史载贺兰山大口三十七、小口无算，当时皆有设防与守护，今辖属西夏区的贺兰口史志及摩崖题记明确记载沟口筑石墙、水关。究其原因，随着战乱损毁与自然破坏，历经 500 年的风雨，时间对于一些人工痕迹的销蚀，使得依山傍崖修筑的墙体销蚀损毁，尤其是铲削山险墙的辨认越发不确定与模糊，调查者只好将其归入山险，这些都有待以后更先进的调查条件与科学方法及更细致的开展工作来加以甄别确认。

3. 关于不同时代长城墙体的调查与认定

宁夏地处草原游牧文明与中原农耕文明交错地带，历史上一直是代表不同文明、发展阶段的民族间交流、融合、角逐的重要地域，大量长城遗迹正是这种较量与碰撞的历史产物与时代见证。由于史料有限，地面的长城遗迹主要靠文物考古调查人员依靠专业知识实地考察认定。经过大量艰苦的调查工作，我们考察认定了上述大量的长城遗迹及时代属性，当然纰漏也在所难免。根据一些学者的论述，宁夏在秦代、汉代、隋代甚至西周时期都修筑过长城，但本次调查主要认定的为战国秦及明代长城，至于其他时代长城墙体，并未在野外调查中得以确认。同时根据史书记载及以往调查，贺兰山主要沟口有西夏时期的防御设施，这些遗迹因与明代西长城关防叠压交错，具体区分并不容易。同样，战国秦长城在秦汉时期得以修缮利用也是事实，但在调查中如何区别辨认不同时代的修缮利用迹象仍有难度。根据史书记载，宋代时期，不但沿战国秦长城挖设"长城壕"，还曾沿宋夏边界一带挖设过"边壕"，根据长城防御体系来看，这些应属于长城遗迹无疑，但由于以往调查研究不足，遗迹保存情况不明，本次调查也未过多涉及。

4. 相关认识与研究有待深入

宁夏明长城旧北长城修筑历史及与北长城的关系，北长城与明代沙湖的位置关系等都有待深究。贺兰山主要沟口，譬如大武口、贺兰口、赤木关口，当时均设有内、中、外三重关卡，皆号称三关口。现在调查仅银川市三关口存在三道关墙，其余关口三道关墙情况均不甚明了。固原内边今同心县下马关西至海原县唐坡以东段长约 130 千米，红寺堡区确认的徐斌水新边墙体两端约 53 千米，因缺乏相关资料，沿线调查尚未发现人工墙体，只有烽燧、关堡等相关遗迹，目前按烽燧线认定，部分地段甚至走向都不能明确。宁夏明长城与墙体防御相关的 1100 余座单体建筑，诸如敌台、铺舍、烽火台，当时均有对应的名称，现调查资料很少能对照确认。关堡建筑重视堡墙马面等墙体设施的调查记录，部分忽略堡内建筑、历史沿革的调查考证。相较于文献记载的关堡单体名称数量，本次调查的相关遗迹仍有很多缺漏，尤其是对当时与长城防御息息相关且大量保存的宁夏平原屯堡设施以及草原山地马政堡寨是否应纳入长城防御体系予以调查认定，仍存在争议。对一些消失长城关堡建筑及遗迹未能详细记录和考证。一些关卡位置、墙体修筑时间，维修情况，长城防御设施的修筑技术与方法、防御设施日常运行与管理等与长城防御密切关联的重要问题，都有待以后更深入细致的调查研究工作。

尽管有以上缺憾，但作为对一项工作的阶段性总结，这套调查报告的内容是丰富客观的，也是目前宁夏涉及明长城最为全面的一套专项文物调查成果，为相关的研究提供了翔实的基础资料。

　　由于野外调查及报告编写分组分册由各调查队独立完成，内容整合与综合研究必不可少，以上对明代宁夏境内的长城边防体系、修筑历史及本次调查情况略为陈述总结，希望此报告的出版，能推动相关研究的深入开展。

第一章
序　言

一　宁夏北长城[1]沿线的自然地理和气候

素有"长城博物馆"之称的宁夏，境内有战国秦之秦长城，明代河东长城、西长城、北长城、固原内边和徐斌水新边多道长城，呈环状环绕宁夏（彩图一）。其中宁夏北长城是明代宁夏地区最北端的一处综合性防御屏障，东西向横亘于贺兰山与黄河之间，包括"北长城"和"旧北长城"（边防北关门墙）两道，均位于今宁夏北面的石嘴山市，两者相距约20千米（参见彩图二）。这里西面有贺兰山巍峨耸峙，东面有滔滔黄河纵贯北南，中部则为平坦宽阔的山前台地和平原，便于车马驰骋，"山水相交，最为要地"，"实宁夏北境机要之地"[2]，是明代边防的重要地区之一。沿线除了有敌台、烽火台等之外，还有镇远关、黑山营、平虏城等，地理位置十分重要。

宁夏北长城所包括的两道长城相距较近，其自然环境和人文历史等方面相似，均属于今宁夏回族自治区北部的地级市——石嘴山市。其西、北、东面分别与内蒙古阿拉善左旗、乌海市、鄂尔多斯市相接；南面分别与宁夏贺兰县、灵武市接壤，地理位置介于北纬38°22′～39°23′，东经105°58′～106°59′，属银川平原北端，贺兰山北段绵亘西侧，其许多沟谷（山口）历来是联结宁夏平原农耕区和内蒙古阿拉善北方草原牧区的交通孔道；黄河经东侧南北贯流，水面狭窄，河床稳定，清初以来一直是宁夏联结内蒙古及华北地区的水旱码头。如今有包兰铁路和109、110国道纵贯全境，石嘴山黄河大桥横跨东西，交通十分便利。

地质上，这里处于"中朝准地台"西缘及"祁、吕、贺山字形构造体系"中的"贺兰山脊柱"北端，在我国大地构造体系中，十分引人注目。地质发育史频繁复杂，地层和古生物种属较多。岩浆岩和变质岩均发育于贺兰山中，岩浆作用极不发育。区域地质构造中有大岭—庙前梁子沟向斜、石嘴山向斜等9道主要褶皱，断层亦较多，有近南北向或北西向、东西向和北东向几种。境内还存在着两条隐伏的深大断裂，一条是位于贺兰山东麓的"贺兰山大断裂"，为张性断裂带，旧北长城错断便是其最明显的标志；另一条为黄河大断裂。

地貌上，这里由贺兰山、洪积倾斜平原和黄河冲积平原等几个单元组成。其中贺兰山区属贺兰山北段，山体呈东北—西南走向，为典型的拉张型地堑式断块山地。山体两面斜坡不对称：东侧山体急

---

[1] 本书综述宁夏北部长城时均用"宁夏北长城"，包含旧北长城和北长城。下同。
[2]（明）胡汝砺编，（明）管律重修，陈明猷校勘：《嘉靖宁夏新志》卷1《宁夏总镇》，宁夏人民出版社，1982年，第89页。

转直下 2000 余米达于冲积平原，西侧山体与阿拉善高原平缓相接。此段山幅较宽，可达 60 千米，海拔不超过 2000 米，除边缘有少量中、上元古代和古生代沉积岩外，山体主要由太古代的混合岩和混合花岗岩组成，并有加里东期中基性岩脉穿插。地貌上有一定垂直分带现象，海拔 2000 米以下为中干燥剥蚀山地，2000~3100 米为流水侵蚀山地，3100 米以上为寒冻作用的山地。山间沟谷众多，东坡较大的沟谷有大武口沟、汝箕沟、大王全沟、红果子沟等三十余条，其中大武口沟深入贺兰山腹地，是银川平原到内蒙古阿拉善高原的天然通道。洪积倾斜平原位于贺兰山东麓山前，该区以今 110 国道线为界，可由西向东分为两部分，西侧的山脚及沟谷出口处砾石堆积，植被稀疏，以东地带地面分布有砾石，并有冲沟分布，但一般切割不深，植被稀疏，风蚀强烈；东侧地势稍平，土层较厚，土壤粒度较细，现多已改造为农田和林园；冲积平原区是由黄河冲积而成，由第四系冲积、湖积物和风积物组成，地势低平，由南向北稍倾。土壤以灌淤土为主，土层较厚，现已成为发达的农业区。冲积平原西部洪积倾斜平原交接地带为封闭洼地，呈串状分布着一些天然湖泊，还零散分布着一些沙地或沙丘。

气候上，这里属于温带季风气候区西部边缘（贺兰山为季风区与非季风区的界线）。气候特征是：冬寒长、夏热短，春暖快而多风，秋凉早而晴爽，日照充足，蒸发强烈，降雨量少且集中于夏季，空气干燥，年温差大，气候大陆性特点显著。西部贺兰山地由于地形因素形成独特的山地气候。年日照时数为 3060.0~3217.4 小时，日照百分率为 69%~72%。其中 5~7 月日照时数在 280 小时以上，日照时数、日照百分率仅次于青藏高原，较我国大部分地区高，也是宁夏日照时间最长的地区。太阳总辐射值全年为 6027.5 兆焦耳/平方米·年，以 6 月份最高，达 715.6 兆焦耳/平方米，仅次于青藏高原。气温日变化、年内各月变化均比同纬度的华北地区及宁夏其他地区剧烈。月平均日较差以 4 月份最大，为 14.7℃~16.9℃，8 月份最小，为 11.3℃~12.5℃；季平均日较差春季最大，为 15.6℃，秋季最小，为 13.5℃。月平均温度以 7 月份最高，为 22.1℃，1 月份最低，为 -9.4℃。无霜期长，绝对无霜期 125~165 天。降水不均，平原地区年降水量在 173~190 毫米，是宁夏降水量最少的地区；贺兰山山区降水稍多，且随海拔增高而加大。降水量季节分配不均匀，主要集中在夏季，冬季最少。相对湿度年均 51%，在宁夏乃至全国均属干燥地区，年蒸发量则最高达到了 2924 毫米，为年降水量的 6~10 倍，接近全国蒸发量最强烈的吐鲁番盆地和柴达木盆地，是全国蒸发量最大的地区之一。

市境属多风地区，尤其是春季多大风。年平均风速达 3.1 米/秒，最大风速为 40 米/秒。这是由于其位置上地处贺兰山与卓子山入风口的下风，产生"狭谷效应"。四季中风速春季最大，秋季最小，其中春季大风占年大风日数的 40%，是宁夏大风日数最多、风速最大的地区之一。其主导风向是偏南风，从东南到西南方向最多，次为西北到东北方向，出现西风的几率最小。

水文特征上，这里的地表水系由黄河干流贺兰山山地沟谷、黄河引水排水渠系、平原低地集水湖沼组成基本骨架，绝大多数水量属黄河过境水。地下水主要富集在山前洪积倾斜平原和黄河冲积平原地带，贺兰山地地下水贮存较少，平原地区地下水受农田灌溉水补给，地下水位高且动态变化剧烈。

土壤类型有灰钙土、灌淤土、草甸土、风沙土、白僵土、灰褐土、灰漠土等十余钟。其中灰钙土分布于贺兰山地、山前洪积扇区等处，面积约 30.12 万亩，约占土壤总面积的 15.5%，是较主要的土壤类型。它是内陆干旱气候条件下形成的地带性土壤，其特点是表土层以下有钙积层，地面生长有强旱生的灌木、小半灌木、耐旱蒿属及禾本科草类。

从自然地理的角度来看，这里是荒漠草原和干草原向银川平原过渡的前沿地带，是我国古代北方游牧区和中原农耕区的交错带。其地带性植被为荒漠草原及荒漠，受黄河过境和人工大量引水灌溉的影响，隐域性植被在平原地带占有较大比重。平原地区植被有自西向东纵向更替的规律，形成季相迥异的植被群落，现大部分为人工植被覆盖。贺兰山地植被呈垂直地带性分布。植物生态类型以旱生灌木、小灌木、小半灌木及旱生或超旱生草本占优势，盐生和沙生植物也占有一定比重。主要植被类型有森林、灌丛、草甸和草原等。森林主要分布在贺兰山高地阴坡，原始森林已不存，只有近年来封育起来的天然次生林，分布按海拔高低分别有云杉、油松和灰榆疏林等；灌丛分布在贺兰山中浅山区及山前平原沙地或低地盐碱地带，主要为中旱生落叶型，有酸枣灌丛、蒙古扁桃灌丛、白刺灌丛等；草甸主要分布于黄河河漫滩及平原地区低洼地带，其中芨芨草草甸分布于贺兰山东麓洪积平原与黄河冲积平原交汇地带；草原均系荒漠草原，主要分布于贺兰山东麓洪积扇区，建群种由强旱生的丛生小禾草或多年生草木与小灌木、小半灌木共建组成，主要建群植物有短花针茅、刺旋花、猫头刺、锦鸡儿、珍珠、红砂、沙冬青等，具有植被稀疏、群落层片结构不明显，以及一年生旱生草本植物生长状况不稳定等特点。农业种植以春小麦为主，含糜子、玉米、胡麻、蔬菜作物等，部分引黄灌区还能种植水稻、大豆、甜菜等。

二　宁夏北长城沿线历史沿革

考古资料表明，宁夏北长城所在的石嘴山市自古就有人类活动，地处贺兰山东坡洪积扇上的平罗暖泉和明水湖农场等新石器时代遗址的发现，便是证明。其中暖泉遗址中发现的浅地穴式房址，以及房内火塘、磨盘、磨棒等，说明四五千年以前人类已经开始在此定居，出现了原始村落[1]。先秦时期这里地近"荒芜"，尚无行政建制，先后为西戎、猃狁和匈奴等北方游牧民族驻猎之地。秦一统六国，派蒙恬北击匈奴，筑长城以拒胡[2]。在石嘴山市黄河东侧"筑浑怀障"[3]，属北地郡，这是已知市境内最早的古代建制。秦亡后，该地复为匈奴控制。西汉元朔二年（公元前127年）汉武帝遣卫青率军出云中，击败匈奴之楼烦、白羊二部，夺回黄河河套地区，"复缮秦故时蒙恬所为塞，因河而为固"[4]，浑怀障为浑怀都尉治所，属北地郡，河东部分为富平县所辖，仍设浑怀障；河西部分设廉县[5]。其中廉县为市境最早的县级建制。东汉时期建制未变。中平元年（184年），中原大乱，该地为鲜卑部落所据。三国、西晋时期，该地为匈奴、鲜卑、羌等民族的牧地；东晋十六国时期，又先后为前赵（匈奴）、后赵（羯）、前秦（氐）、后秦（羌）、夏（匈奴）等各族政权所控制，建制无考。南北朝时期，北魏于故汉浑怀障地设"历城"[6]，属薄骨律镇所辖；西魏时属灵州普乐郡；北周仍属灵州，河西部分为怀远郡怀远县地，河东部分分置历城郡建安县。

隋代，石嘴山市属灵武郡统辖。河西部分为怀远县地，河东部分仍设建安（后改称广闰、灵武）县。唐前期属灵州都督府管辖，"安史之乱"前后为朔方节度使辖区，先天二年（713年）于市境河西

---

〔1〕钟侃主编：《宁夏古代文物》，第14页。

〔2〕《史记·蒙恬列传》载"秦已并天下，乃使蒙恬将三十万众，北逐戎狄，收河南，筑长城。因地形，用制险塞，起临洮，至辽东，延袤万余里。于是渡河，据阳山，逶蛇而北"，筑起了西起甘肃临洮，沿黄河过阴山，至辽东的万里长城。《史记》卷88，《列传》第28，中华书局，1982年，第2565页。

〔3〕"浑怀障"一词最早见于《汉书·地理志》"北地郡"之"富平"条"浑怀都尉治塞外浑怀障"（《汉书·地理下》卷28下，《志》第8下）。唐代《元和郡县图志》"废灵武城"条载"其城本蒙恬所筑，古谓之浑怀障"。浑怀障断续沿用至唐初后被废。其地位置应在黄河古河道东，因河道反复迁徙，城址今已不存。

〔4〕（汉）班固：《汉书·匈奴上》卷94上，《列传》第64上，中华书局，1998年，第1234页。

〔5〕廉县，为西汉北地郡19县之一，《汉书·地理志》"廉，卑移山（今贺兰山）在西北"。（《汉书·地理下》卷28下，《志》第8下，中华书局，1998年，第548页）。兴筑于汉武帝元狩四年（公元前119年），辖境包括今宁夏永宁县以北的银川市、石嘴山市地区，为管理屯田移民的行政中心，也是贺兰山东麓的边防要塞。一直沿用至东汉末，其址应在平罗县下庙乡暖泉村3队。

〔6〕《水经注》卷3载，北魏太和（477～499年）初，在平定"三齐"后，"徙历下（今山东济南）民居此，遂有历城之名"。

置定远军[1]，后升为县；景福二年（893 年）升为警州。五代时后梁、后唐仍设警州，后晋天福七年（942 年）将警州降为威肃军，后汉、后周无考。北宋时属陕西路灵州所辖，置定远镇；至道年间（995～997 年）改设威远军；咸平四年（1001 年）被党项羌族攻占，后遂改属西夏。宋天圣二年（1024 年）西夏人在境内筑省嵬城[2]；西夏景宗大庆元年（1036 年）改为定州，并设定远县。元代属甘肃行中书省宁夏府路，仍置定州。

明代，石嘴山市成为朝廷与北归蒙元势力对峙的北部边防重塞，属抵御蒙古铁骑的"九边重镇"[3]之一的宁夏卫管辖地，这里不设府、州、县，而以宁夏镇统辖卫、所、堡、寨戍防，军政之下"皆分统卫、所、关、堡，环列兵戎"，上隶陕西都指挥使司管辖，属军政合一、屯防兼备的特殊行政区域。为阻止蒙古铁骑入塞，朝廷在石嘴山市一带大修边墙和城堡、调兵戍守，加强军事防御。永乐初年（1405 年前后）筑平虏城（今平罗县城关镇），后改为平虏守御千户所。弘治年间（1500 年前后）河东部分为蒙古部落占据，嘉靖十年（1531 年）将旧北长城及镇远关、黑山营等防线废弃、防线南移更筑北长城后，河西北长城以北地区亦为蒙古部落所据。清代时属甘肃宁夏府，改平虏为平罗。雍正二年（1724 年）升平罗所为平罗县；不久沿黄河滩地设新渠县（今平罗县姚伏镇附近）、宝丰县（今平罗县宝丰镇）等，乾隆三年（1738 年）地震毁城，二县并于平罗县。

民国初，市境属甘肃省宁夏道（后先后改为朔方道、宁夏道、宁夏行政区）。民国 18 年（1929 年）宁夏建省，平罗县为市境唯一的县级建制。民国 30 年（1941 年）于市境河西部分析置惠农县，在河东部分增设陶乐县。中华人民共和国成立初期属宁夏省，1954 年宁夏撤省与甘肃合并，3 县为甘肃省银川专署所辖，1958 年宁夏回族自治区成立，3 县由自治区领导。1960 年撤销惠农县，设立石嘴山市，由自治区直辖，市级机关驻石嘴山镇。1972 年在大武口成立银北地区，石嘴山市改为地辖市，与平罗、贺兰、陶乐 3 县同由银北地区领导。1975 年银北地区撤销，石嘴山市恢复由自治区直辖，并将平罗、陶乐 2 县划归石嘴山市领导，市级机关移驻大武口区。

三　宁夏北长城兴废沿革及基本走向

洪武元年（1368 年），明朝建国，蒙元残余势力虽退居长城以北，但"引弓之士不下百万众也，归附之部落不下数千里也，资装铠帐尚赖而用也，驼马牛羊尚全而有也"[4]，势力仍然十分强大，并不时出兵南下侵扰。尤其到明代中期以后，随着明朝政府的衰落和蒙古鞑靼、瓦剌部的相继兴起，双方实力上的此消彼长，使得这种侵扰更趋频繁，给明朝政府造成很大的压力。为抵御蒙古，明朝"终明一世"一直十分重视北方防务，多年辛苦经营、精心修筑起了一道"东起鸭绿（江），西抵嘉峪（关），绵亘万里，分地守御"[5]的"九边重镇"防御干线。位居这道防线中西部的宁夏拥有两镇

---

〔1〕　定远城最早见于《元和郡县图志》载，唐玄宗先天二年（713 年）。朔方军行军大总管郭元振"以西城（即西受降城，今内蒙古五原县）远阔，丰安（丰安军，今宁夏中宁县黄河北）势孤，中间千里无城，烽堠杳渺，故置定远军"，目的是加强同在黄河西岸的西受降城与丰安军的战略联系，由朔方节度使统辖。727～736 年，时任朔方节度使的信安郡王李炜在此"更筑羊马城，幅员十四里"。

〔2〕　省嵬城名最早见于明宣德《宁夏志》"省嵬故城在河东，未详建立之始"，据《西夏书事》载"天圣二年春二月，德明作省嵬城于定州"，其址据考在今惠农县庙台乡省嵬村。

〔3〕　"元人北归，屡谋兴复。永乐迁都北平，三面近塞。正统以后，敌患日多。故终明之世，边防甚重。东起鸭绿，西抵嘉峪，绵亘万里，分地守御。初设辽东、宣府、大同、延绥四镇，继设宁夏、甘肃、蓟州三镇，而太原总兵治偏头，三边制府驻固原，亦称二镇，是为九边"。（清）张廷玉等撰，郑天挺等点校：《明史》卷 91《兵志三》"边防"条，中华书局，1974 年，第 2235 页。

〔4〕　（清）谷应泰撰：《明史纪事本末》第一册卷 10《故元遗兵》，中华书局，1977 年，第 2156 页。

〔5〕　（清）张廷玉等：《明史》卷 91《兵志三》"边防"条，中华书局，1974 年，第 2235 页。

（宁夏、固原），足见其位置的重要性。

宁夏以北分布的是蒙古鞑靼部，史载"鞑靼地东至兀良哈，西至瓦剌。当洪、永、宣世，国家全盛，颇为戎索，然叛服靡常。正统后，边备废弛，声灵不振，诸部长多以雄杰姿，恃其强暴，迭出与中原抗，边境之祸遂与明终始云"[1]。为抵御鞑靼侵袭，明朝政府除了重新加固整修秦汉以来的长城外，还在长城沿线长期驻扎重兵戍守。在宁夏北部不设府、州、县，而是直接以宁夏卫统辖卫、堡、寨戍防，并先后设立了宁夏卫，宁夏左、中、右三屯卫和宁夏后卫，属明代军政合一、屯防兼备的特殊行政区域——边关屯卫重点之一。其中的宁夏北部石嘴山地区更是因其距离军政中心宁夏镇（今宁夏银川市）偏远、戍守管理不便，而显其战略意义非凡[2]，"黄河绕其东，贺兰耸其西。西北以山为固，东南以河为险"[3]，但山、河之间开阔平坦，便于大规模骑兵往来驰骋的特殊地理位置，一直是明朝政府防御的重点之一，改扩增筑边墙关堡、增派戍兵分守便是其必要的手段，北长城便是在这种背景下修筑而成的。

据实地调查发现，明朝政府多年以来累计在此修筑长城计4道，另有关堡、敌台、烽火台等设施若干。其中长城除了沿贺兰山山体走向修筑的南北向西长城、黄河以东修筑的河东长城外，东西向连接西面贺兰山和东面黄河两道天堑的长城就有两道，分别为北部的"旧北长城"和南部的"北长城（边防西关门墙）"。

旧北长城是宁夏明代位置最北的一道防御设施，它西连宁夏西长城，东面经黄河天堑、陶乐长堤等与宁夏河东长城相互连接，共同构成一道绵延上千公里的防御屏障。《万历朔方新志》载："西长城，起自靖房芦沟界，迤北接贺兰山，迤北接北长城，至大河"[4]。《乾隆宁夏府志》亦有相似记载"[5]。其修筑年代不详，成书于嘉靖年间的《皇明九边考》载："宁夏北，贺兰山黄河之间，外有旧边墙一道，嘉靖十年（1531年），总制王琼于内复筑边墙一道，官军遂弃外边不守，以致内地田地荒芜"[6]。《嘉靖宁夏新志》亦云"临山堡极北之地尽头，山脚之下，东有边墙，相离平虏城五十里"[7]，则推测这段长城可能修筑于弘治以前。

旧北长城的走向，史载"北长城三十里，自西而东，接黄河"[8]。实际调查发现这段长城从今惠农区红果子镇小墩湾西侧的扁沟半山腰处起，向东过今包兰铁路、110国道，经尾闸乡和平村和109国道，最后到惠农农场处的黄河西岸，全长18694.7米。目前这段长城只在110国道以西至扁沟一段保存尚好，墙体高耸，其构筑方式不一，山前台地上多系用黄土分段版筑而成，近贺兰山山脚下一段还属用石块垒砌而成，而顶部山脊上的部分地段则是充分利用山体、局部加高而成。其余地段因地处宁夏平原的村落内，痕迹均已无存。调查中还发现与此段长城相关的敌台2座、烽火台2座、关堡2处、壕堑1道等。

---

〔1〕（清）张廷玉等编：《明史·鞑靼传》卷327，列传第215，中华书局，1974年，第8494页。

〔2〕"苟失平虏，则无宁夏，无宁夏则无平、固，无平、固则关中骚动，渐及于内地，患不可量也"。《嘉靖宁夏新志》卷1《宁夏总镇·关隘》，第15页。

〔3〕（明）胡汝砺编，（明）管律重修，陈明猷校勘：《嘉靖宁夏新志》卷1《宁夏总镇·形胜》，宁夏人民出版社，1982年，第10页。

〔4〕（明）杨寿编撰，吴忠礼主编：《万历朔方新志》（影印本）卷2，八十四，"边防"条。

〔5〕"西长城，自靖房（今甘肃靖远）芦沟界迤北，接贺兰山。山四百一十一里，迤北接北长城。自西而东三十里，接黄河。河一百三十里，自北而南，逾岸接东长城，三百六十里接延绥界。凡周一千一百七十里。"（清）张金城修，（清）杨浣雨纂，陈明猷点校：《乾隆宁夏府志》卷2《地理（一）》，"边界"条，宁夏人民出版社，1992年，第68页。

〔6〕（明）魏焕编集：《皇明九边考》（嘉靖刻本影印本）卷8，宁夏镇之保障考，第321页。

〔7〕嘉靖十九年（1540年）巡抚都御史杨守礼奏疏文，《嘉靖宁夏新志》卷1《宁夏总镇》，第92页。

〔8〕《乾隆宁夏府志》卷2《地理（一）》，"边界"条，第68页。

　　从实际使用时间来看，旧北长城的使用并不长。旧北长城建成于明朝政府强势、而蒙古骑兵相对稍弱的明代早期，这一时期的战争特点基本是明代多次出边征战、蒙古骑兵多采用守势的时候。作为宁夏军镇北边的防守边线，旧北长城一带边境多年战事不多，虽然"往年未尝通一虏骑"[1]一说未免有夸大之嫌，但也基本符合当时的边防现实。只是随着时间的推移及明朝政府势力的衰落和蒙古鞑靼部族的兴起，双方的势力此消彼长，再加上"数十年来，边军贫困，镇、巡姑息，皆以修边为讳，遂致墩台废弃，耳目闭塞，屯堡不能自立"[2]，还有兵源缺乏[3]等原因，致使此地的关堡、城墙等设施渐趋坍塌残败。"先年守筑三关，设立墩台防哨，东西联属，远迩观望，烽火严明，贼亦难入。至弘治以前多因极边地方，供饷不便，军多逃散，兵力寡弱，遂行废弃"[4]，虽然中间有议者建议修复北边关营和边墙，但多无实际举措[5]。"嘉靖中，总制王琼筑花马池新边，弃关（镇远关）不守，自是山后之寇益恣，议者引为琼咎"[6]。到嘉靖十年（1531年），随着南面屏蔽平虏城的北长城的修建，这道长城与镇远关、黑山营等一起被彻底废弃。

　　北长城位于今平罗县城以北约10千米，时称"边防西关门墙"。这道长城史料记载较为详细，其创建于嘉靖十年（1531年），是由佥事齐之鸾建议于总制王琼奏筑的，"由沙湖西至贺兰山之枣儿沟，凡三十五里，皆内筑墙，高厚各二丈，外浚堑，深广各一丈五尺有奇。墙有堞可蔽，有孔可以下视以击射。为关门二，东曰平虏，中曰镇北，其上皆为堂，若干楹；其下各增城三面，周回百二十余步，徙旧威镇并镇北堡军实之"。这道长城修筑了两个月，"嘉靖庚寅（九年，1530年）十二月筹备，次年春五月至七月工告成"[7]。其长度齐之鸾所称为"三十五里"，到嘉靖十九年（1540年）巡抚、都御史杨守礼的奏表中则称为"东西五十里"[8]，此说与实际调查长度基本相符。这里所载的北长城东端的起点"沙湖"，并非今日位于平罗县的沙湖，而是位于今平罗县金星3队处（当地俗称"边墙头子"）。明代时这里尚属黄泛区，在黄河西岸五里处，"水涨则泽，竭则墟，虏可窃出皆为墙，高厚一丈五尺，深广一尺"[9]。只是随着黄河不断东移，河岸逐渐远离，这里现已被开辟为良田和村落聚居区。长城西端的枣儿沟位于今大武口区西北侧的枣儿沟，至今尚存土墙1段、敌台1座、烽火台1座。需要说明的是，这里早在成化年间曾增筑过一道长城，"成化二十一年（1485年）五月丙子……巡抚宁夏右佥都御史崔让等奏：请于平虏城枣儿沟增筑边墙一道，塞堡一座，墩台三座……兵部从其奏，报可"[10]，限于资料等方面的原因，这段长城与北长城之间的关系目前尚不清楚。

　　据实际调查，北长城的走向是从今平罗县高庄乡金星3队"边墙头子"处起，向西经幸福7队、惠威6队、今京藏高速公路及城关镇农牧场，过包兰铁路，再经大武口区明水湖农场、兴民村等地，最后延伸至贺兰山枣儿沟半山腰陡崖处，全长19298.5米。这段长城均是用黄沙土分段版筑而成。只

〔1〕（明）张溶等编：《大明世宗肃皇帝实录》卷117，第7~8页，台北"中研院"历史语言研究所校印，第2777页。

〔2〕（明）张溶等编：《大明世宗肃皇帝实录》卷117，第7~8页，第2777页。

〔3〕"平虏城虽设有守备官一员，马步官军五百余名，除守城守墩、差占以外，不上三百五十名，山后、河东之贼不时出没，实难战守"。（明）杨守礼《复边镇固地方》奏疏，《嘉靖宁夏新志》，第92页。

〔4〕嘉靖十九年（1540年）巡抚都御史杨守礼奏疏文，《嘉靖宁夏新志》卷1《宁夏总镇》，第92页。

〔5〕"求久安之计，先须修打砲口，为复镇远之渐；次修镇远关，为复黑山营之渐。不然，是垣户不设，欲思堂寝之安，庸可得乎？垣户一固，则沿河、沿山墩台易守而耳目自明，地方有赖。议者皆以为然，奈无实意以行之者。巡抚都御史杨守礼、总兵官任杰躬亲阅视，悉谙弊端，志在修复，奈资费人力弗济其志"。《嘉靖宁夏新志》卷1《宁夏总镇·关隘》，第15~16页。

〔6〕（清）顾祖禹纂：《读史方舆纪要》卷62《陕西十一·宁夏卫》。

〔7〕（明）齐之鸾：《朔方天堑北关门记》，《嘉靖宁夏新志》卷1《宁夏总镇》，第90页。

〔8〕同上。

〔9〕同上。

〔10〕（明）张懋等纂：《大明宪宗纯皇帝实录》，卷266，第7页，台北"中研院"历史语言研究所校印，第4511页。

是其位置现多为现代村落及农田，其现状残损破坏甚重，仅个别地段，如大武口明水湖农场、兴民村等段保存尚好，墙体高耸，依稀有当年风采。墙体的相关建筑中，包括长城上的两座重要关隘（平虏关、镇北关）均已不复存在，调查中仅发现敌台6座、关堡1座。

从使用时限上来看，北长城因其"东自黄河，西抵贺兰，筑墙以遮平虏城者"[1]，有羽翼北方防御重镇——平虏城之功用，所以其从建成以后就一直沿用并经多次重修，一直到明末以后，随着其失去原有的守边防御功能而逐渐被废弃。到清代时，如平罗城附近的长城便是著名的"平罗八景"之一——边墙夕照。清人郭鸿熙《边墙夕照》有诗如此描述"锋镝销镕战垒空，断砖零落野花红。村农倦依苔垣坐，困话桑麻夕照中"[2]，这便是北长城功用消失而渐趋残毁颓败的生动写照。这时的北长城不再是战争的象征，更不再是经济与文化融汇的藩篱，而逐渐成为文人墨客凭吊访古、追忆往昔的文化遗存。

四　宁夏北长城以往调查情况、保护管理及本次调查工作情况

（一）宁夏北长城以往调查、保护管理情况

万里长城是我国历史上一项极其伟大的军事防御工程，是中华民族智慧和勤劳的象征。作为中国长城家族中的一员，宁夏北长城的作用和意义十分重要，同样也应得到更多的重视。但由于多方面的原因，很长一段时间以来缺乏对其相应的调查保护，特别是20世纪五六十年代，北长城沿线开发中出现的毁墙垫田、取土烧砖等破坏活动非常普遍，使得北长城遭到了非常严重的破坏。直到20世纪八十年代，针对长城的调查保护工作才逐渐提上日程。1984年，在第二次全国文物普查时，石嘴山市文物保管部门的工作人员对其进行了首次大规模地调查。此次调查初步搞清了石嘴山市境内的长城分布，并将境内的长城分为旧北长城、西长城和北长城三处，估算出了每处长城的大概距离及保存特征等情况，这为以后的长城研究工作打下了坚实的基础。这些资料先后在《宁夏古代文物》[3]、《石嘴山文物志》（征求意见稿）[4]、《文物普查资料汇编》[5]（内部资料）及《宁夏长城》[6]、《贺兰山文物古迹考察与研究》[7]等书籍刊物中登载和发表。

20世纪八十年代开始，长城保护管理工作的一个重要举措就是各市县陆续设立了专门的文物管理机构，如1985年成立的平罗县文物管理所，1989年成立的惠农县文物管理所，以及2002年成立的大武口区文化局文体科等，使得各地文物保护工作有了专门的机构负责。经过文物工作者的多年辛勤调查和宣传，使得包括北长城在内的文物保护得到当地政府及相关部门的重视。1985年石嘴山市人民政府确定将北长城部分段落定为市级文物保护单位，并在北长城大武口乡段、旧北长城红果子镇等处设置保护牌，并设立保护界桩，确定保护范围及建设控制地带，聘请文物保护员，设专人看护长城等等。这些措施对长城的保护管理都起到了很大的作用。

1986年，宁夏回族自治区公布的第一批市、县级文物保护单位名单中，由石嘴山市文物机构申报

〔1〕（明）齐之鸾：《朔方天堑北关门记》，《嘉靖宁夏新志》卷1《宁夏总镇》，第89页。
〔2〕（清）张梯：《道光续增平罗纪略》（影印本）。
〔3〕钟侃主编：《宁夏古代文物》，第88~90页。
〔4〕石嘴山市文化广播电视局：《石嘴山文物志》之"石嘴山地区古迹一，古长城"（征求意见稿），1985年，第20页。
〔5〕宁夏回族自治区文化厅、文管会：《文物普查资料汇编》，1986年，第51页。
〔6〕许成：《宁夏古长城》，宁夏人民出版社，1986年。
〔7〕牛达生、许成：《贺兰山文物古迹考察与研究》，宁夏人民出版社，1988年。

的古长城（包括旧北长城、西长城、北长城及其烽火台）位列其中，这是首次将北长城整体提升至市级文物保护单位。

1988 年，在宁夏宣布的第二批自治区级文物保护单位中，石嘴山市境内的明长城被公布为自治区级文物保护单位[1]，并初步建立了"四有"档案。这是将北长城升级为自治区级文物保护单位的开始。

多年以来，宁夏北长城沿线各市县文物管理部门聘请长城保护管理人，制定和发放《长城保护条例》，以及多次制止破坏长城的施工建设等，在长城的保护工作中作出了很大的贡献，正是因为他们的辛勤付出，才使得北长城的保护管理工作收到了成效。

（二）宁夏北长城本次调查工作情况

2007 年，在国家文物局的统一部署下，全国有 15 个省（自治区、直辖市）共同参与史无前例的全国性的长城资源调查活动，宁夏也参与了此项工作。此次调查是根据国家文物局和国家测绘局制定的《全国长城资源调查工作总体方案》和宁夏文化厅、宁夏测绘局制定的《宁夏长城资源调查实施方案》，由宁夏文物局、宁夏测绘局共同组织开展的一项大型考古调查项目，其中文物部门主要是通过田野调查，对全区内的长城进行现场勘查、性质认定和考古测量，依照《全国重点文物保护单位记录档案相关规范标准》建立记录档案，并对调查的资料进行信息采集和登录汇总。测绘部门则为此次调查提供资料和技术支持，包括处理影像和基础地理信息资料，根据前期调查的调绘成果，整理长城专题要素数据。这是宁夏文物部门与测绘部门首次联合开展的优势互补的大型考古项目。调查充分利用了目前最先进的科技手段，对全区内各个历史时期的长城进行了全面准确的调查。

此次长城调查工作具体由宁夏文物考古研究所组织，会同宁夏第二测绘院及各市县文物管理所人员组成调查小组。调查小组计四组，其中北长城的调查工作全部由第二小组负责进行。该组由周赟负责，主要参与人员有雷昊明、李永泉（宁夏第二测绘院）、黄金成（青铜峡市文管所）、骆永放、石春生、田鹏花（技工）等，另外北长城沿线各区县的文物工作人员韩学斌、艾宁（大武口区文保科）、王志彬（平罗县文管所）、冒志文（平罗县文化广播旅游局）等同志也部分参与了调查工作。

宁夏北长城调查分为两个阶段，第一阶段调查时间在 2007 年 9 ~ 12 月，其路线是根据国家文物局长城资源调查项目组的统一要求，按县为单位、从东向西进行。需要说明的是，因为调查是以市、县为单位进行的，每个属县内还分布有宁夏西长城，所以北长城的调查只能是断断续续地进行。具体来说，调查工作从 2007 年 9 月 17 日开始，以平罗县高庄乡惠威村北长城今残存墙体为起点，当天下午即调查到北长城平罗县与大武口区分界的包兰铁路处，计调查北长城墙体 3295 米。

大武口区境内的北长城调查大致又可分两个时间段：第一段在 9 月 17 ~ 19 日，从包兰铁路平罗与大武口区交界的包兰铁路处开始，沿明水湖农场向西，到明水湖农场场部长城断口处；第二段在 9 月 28 ~ 29 日，是从明水湖农场场部长城断口处开始，向西一直到北长城的西端枣儿沟。两次计调查长城墙体 16003.5 米，同时调查墙体附属敌台 4 座。

惠农区境内的旧北长城调查，时间为 10 月 24 ~ 30 日，从旧北长城现存墙体的起点处（今红果子镇小墩湾西、110 国道处）开始，向西一直到贺兰山扁沟半山腰处，合计调查长城墙体 5794.4 米，并调查敌台 2 座、烽火台 2 座、关堡 2 座、壕堑 1 道。

---

[1] 宁政发〔1988〕16 号文中第 17 条。

在野外调查的同时，相关的文字记录、整理、单项遗迹的平剖面图绘制及采集标本摄影、绘图等工作亦在同步进行。甚至年底因天冷等原因返回银川后，各项资料整理工作仍在进行。需要补充的是，2008 年 1 月，在国家长城资源调查项目组组织的河北、陕西、甘肃等省专家组来宁夏检查工作过程中，第二小组因工作踏实、调查数据翔实可靠等方面的原因得到了项目组的一致表扬，组长周赟还被长城项目组直接抽调，随同检查甘肃、辽宁、北京、天津等省（自治区、直辖市）的长城调查资料，同时受项目组委托赴青海检查指导其长城调查工作。2008 年 3 月，在全区长城调查工作年度汇报会上，周赟被评为先进个人。

宁夏北长城调查第二阶段是在 2008 年 9 月 16～19 日。此次调查是针对资料整理中发现的问题，以及国家长城资源调查项目组的新要求而做的补充调查。参与此次调查的人员有周赟、雷昊明、骆永放、李永泉、田鹏花、闫明琛等。此次主要是调查北长城、旧北长城东侧消失段的墙体，首先调查了北长城，从高庄乡金星 3 队俗称边墙头子处开始，向西一直到惠威村墙体残存段，计调查墙体 5272 米，同时还发现残存敌台 1 座、关堡 1 座。然后我们再补充调查了惠农区旧北长城东端消失段墙体，即黄河西岸到红果子镇小墩湾残存墙体处，计调查墙体 12870 米。

2008 年 1 月 15 日，该项调查工作顺利通过了国家文物局、国家测绘局长城资源调查小组对墙体部分的验收；2009 年 4 月 24 日，再次通过了国家文物局明长城资源调查工作验收专家组的全面检查验收。

2010 年 3 月，补充测绘宁夏北长城沿线的镇远关、黑山营等关堡图。

至此，宁夏北长城调查工作全面结束。此次调查历时两年，涉及范围包括平罗县、大武口区、惠农区的 1 县 2 区、9 个乡镇、20 多个行政村，调查行程上千公里。

五　报告编写体例及相关术语介绍

（一）报告编写体例简介

本报告是我们 2007～2008 年对宁夏旧北长城和北长城两段长城调查内容的全面总结。全书分为四章。第一章为序言，概要介绍了这两道长城的自然地理与气候、历史沿革、以往调查情况及本次调查情况等。因为这两道长城距离不远，其所处环境、特点等基本相近，所以将其放在一起进行介绍。第二、第三章按旧北长城、北长城分别介绍。在这两节的编写过程中，我们没有按照原先国家长城资源调查项目组按县域为单位进行登记的要求，而是改为以长城防御主体（墙体）为单位，在详细描述长城本体的同时，将这次能调查到的长城墙体附属的敌台、烽火台、关堡、壕堑等相关设施一并进行叙述，以期内容清晰，更好地复原当时的立体式防御设施特点。第四章为结语部分。

本报告是在原给长城资源调查项目组汇报的调查登记资料的基础上，做了必要的修正和编排。如编排顺序上仍然采用由东向西的顺序，但将原来分属不同县市的资料统一归并叙述。编号中仍然保留原登记表中系统自动生成的编码，并加上了调查小组自行编排的工作编号。其编码由 18 位数字构成，前 6 位数字为地域代码，是参照《中华人民共和国行政区划代码》GB/T2260 生成；次 6 位数字为类别代码，是参照《基础地理信息要素分类与代码》GB/T13923—2006 编制；其后 2 位数字为时代代码；最后 4 位数字是顺序码，是根据调查内容统一编排的顺序。本报告中的工作编号由 8 位序码组成，其中前两位数字代表调查年份，中间两位拼音大写字母代表调查对象所属县域前两个汉字的拼音缩写，后一位大写字母代表调查对象的类别，最后三位数字代表调查对象序号，譬如"07PLD001"即代表 2007 年所调查的平罗县序号为 001 的敌台。

　　需要说明的是，本报告中所采用的长城长度数据与测绘部门所测数据有出入，本报告采用调查时所采集的原始数据。这个数据的采集方式有三种：长度在 50 米以内的长城数据，我们全部是用钢尺直接测量；长度在 50～500 米间的数据，是用美国产 OPTi－LOGIC（奥卡）1000LH 激光测距仪来测量；超过 500 米的长度数据则直接采用手持 GPS 所测。这些测量方式虽然很难做到精确，但我们在实地测量中尽最大可能减少了误差，同时相较测绘部门我们更能注意到长城分布中出现的由于线路曲折、地势高低等影响下的长度变化，使其更接近实际。

　　根据国家长城资源调查项目组对长城报告编写的要求，本报告中不再出现调查中采集的 GPS 数据。同时改变原先长城墙体按照 GPS 点进行分段描述的方法，而是根据调查内容的位置、特征等按由东向西的顺序进行分段，必要的时候在每段下再细分小段。一些单体建筑如敌台、烽火台、关堡等，直接取消原先登记表格中以标注其具体位置的 GPS 点数据。

　　对调查表格中涉及的诸如"自然与人文环境""保护管理状况"等内容，如果是基本一致的我们在报告第一章内容中进行了归纳介绍，一些特例和个案均在其详细描述中作一一介绍；对"调查资料""备注""调查人"等相关情况在第一章"本次调查工作情况"以及报告正文中随文标注介绍。所附示意图是根据实际调查草图所做，有的是为了突出所要表现的内容而绘制，无实际比例。最后一章中对调查中资料的一些共性内容作了归纳性讨论，并就调查中所见的主要问题进行了初步的归纳和总结。

　　附录部分辑录了与宁夏北长城调查有关的大事介绍，包括部分调查日志的内容摘录，还有墙体、烽火台、关堡及采集标本的登记表。

（二）报告相关术语介绍

　　根据《长城资源调查工作手册》中"长城资源调查名称使用规范"中对墙体类别、墙体设施、关堡设施、烽火台设施、相关遗存、标本释名以及"长城资源保存状况程度评价标准"，将本报告中涉及相关术语予以列表介绍。

表四　长城资源调查名称及相关术语释名

标准定名		具体说明
墙体设施	夯筑土墙	经夯打筑成，墙体外观以土筑为主
	山险墙	利用险要经人为加工形成的险阻，如铲削墙、劈山墙等
	山险	指在地势险要之处，与墙体共同构成防御体系的山体、河流、沟壑等自然地物
	烽燧线	原未筑墙或原有墙体，但情况已不明，根据现存烽火台走向、分布情况确定的相关线路
	女墙	城墙顶上的矮墙，一般建于内侧
	敌台	突出城墙的高台，可分为空心和实心两种
	马面	依附于城墙外侧、与城墙同高的台子
关堡设施	堡墙	围筑关堡的墙体，在其上构筑其他防御设施
	护城河	由人工挖凿、环绕关堡的防御用河
	城门	在城墙墙体上开设的供平时交通和战时攻战双方的出入通道
	城楼	墙体上的建筑物，有砖构、木构和砖木混合等类别，其主要功能为瞭望敌情和近距离射击敌人
	角楼	修建于城墙拐角处，用于观察、射击的楼台建筑

续表

标准定名		具体说明
关堡设施	瓮城	城门外侧加筑的突出于城墙外的城圈
烽火台 （烽燧）	垛口	城墙顶部外侧连续凹凸的矮墙
	铺舍	建于城墙或者敌台上，供守城士兵巡逻放哨时遮风避雨的建筑，也是戍卒休息和储备军用物品的场所
	阶梯	登临烽火台顶部的通道，可以修建在烽火台上，也可以为移动的梯子
	围墙	围绕在烽火台台体之外的墙体
	生活设施	库房、居住所、马圈、水井等
	报警设施	积薪、烟灶等
	小墩	在烽火台周围设置的数座（一般为 10 座）石砌而成的小墩台[1]
其他相关 遗存	题刻	与长城有关的匾、额、文字砖、刻文等
	壕沟	用于阻敌的人工挖掘的深沟
	当马墙	构筑在长城墙体外，平行于长城墙体或护城壕的墙体
	生活用具	长城守边官兵和居民的日常生活物品
	武器装备	长城沿线守边所用的军事防御器具
	建筑构建	修筑长城的各种构件，如砖、瓦等
长城本体 保存状况 程度评价 标准	较好	墙基、墙体保存状况比例为 3/4 以上
	一般	墙基、墙体保存状况比例为 1/4～3/4
	较差	墙基、墙体保存状况比例为 1/4 以下
	差	墙基、墙体仅留地面痕迹，濒临消失
	消失	地面遗迹不存
关堡保存 状况程度 评价标准	较好	格局基本完整，建筑大部分保存状况，墙体保存状况 3/4 以上，其他设施保存状况 1/2 以上
	一般	格局不完整，建筑少量保存状况，墙体保存状况比例为 1/4～3/4，其他设施保存状况 1/4～1/2
	较差	格局尚可辨认，建筑无存，墙体保存状况比例为 1/4 以下，其他设施保存状况 1/4 以下
	差	格局不清，建筑无存，墙体濒临消失
（有附属设 施）烽火 台保存状况 程度评价 标准[2]	较好	主体保存状况 3/4 以上，主体设施保存状况比例为 1/2 以上，附属设施保存状况比例为 1/2 以上
	一般	主体保存状况比例为 1/4～3/4，主体设施保存状况比例为 1/2 以下，附属设施保存状况比例为 1/2 以下
	较差	主体保存状况比例为 1/4 以下，主体设施无存，附属设施无存
	差	仅存遗迹，濒临消失

[1]　本条术语《手册》中未规定，本报告中根据调查新增。
[2]　无附属设施烽火台评价标准基本比照此条。

第二章

旧北长城墙体及相关设施

旧北长城，今俗称红果子长城，位于今宁夏石嘴山市惠农区，是明代宁夏位置最北的防御蒙古铁骑的一道屏障，它西连宁夏西长城，东面经黄河天堑与陶乐长堤相连接，共同构成宁夏北部的防御屏障[1]，其修筑年代可能在弘治以前，沿用至明代中期，大致在嘉靖年间（1522～1566 年）随着北长城的修建、宁夏北线防御重心南移而废弃。

旧北长城东起惠农区惠农农场处的黄河西岸[2]，向西经今尾闸乡及 109 国道，过红果子镇及 110 国道、包兰铁路，再沿小墩湾以西的山前台地继续延伸，最后至贺兰山扁沟的半山腰陡崖处，全长 18694.7 米，方向大致呈东南—西北向。此段墙体总体可分为两大段，第一大段为惠农农场至红果子镇小墩湾，长 12870 米，此段墙体现已无存；第二段为小墩湾以西至贺兰山扁沟半山腰处，全长 5824.7 米。此段是旧北长城现存墙体段，由土墙、石墙和山险三类组成，整体保存较好，大部分地段墙体高耸，种类多样，是宁夏境内保存较好的明代长城之一。其东面与镇远关相连，西面与红果子 1、2 号敌台等相接，附近还有 2 座烽火台、黑山营等关堡及红果子壕堑等相关设施。

一 墙 体

旧北长城根据其保存状况等，由东向西可分为两大段。

1. 惠农农场—红果子镇消失段长城（编码：6402053382301170001、6402053382301170002，工作编号：08HHQ001、08HHQ002）

此段从惠农农场三站东侧的黄河岸边开始，向西经尾闸乡和平村 109 国道，最后到达红果子镇小墩湾 110 国道以西 5 米处截止，全长 12870 米，呈东南—西北向。其东面过黄河与内蒙古额托克前旗巴音陶亥接壤，西面与现存长城墙体相连，位于黄河西岸的冲积平原区和贺兰山前洪积倾斜平原区，属银川平原北部，地形开阔，地势总体西高东低，但落差不大。土壤以灌淤土为主，土层较厚，种植

---

〔1〕 "西长城，自靖虏（今甘肃靖远）芦沟界迤北，接贺兰山。山四百一十一里，迤北接北长城。自西而东三十里，接黄河。河一百三十里，自北而南，逾岸接东长城，三百六十里接延绥界。凡周一千一百七十里。"（清）张金城修，（清）杨浣雨纂，陈明猷点校：《乾隆宁夏府志》卷 2《地理（一）》，"边界"条，宁夏人民出版社，1992 年，第 68 页。

〔2〕 今天黄河的位置与明代时有较大的差异。明代时期黄河古道应该在今河道西侧的村落内，只因以后黄河多次辗转改道，"明末以后黄河河道东移达 15 里之多"，当时岸边的确切地址今已难以确定，姑从今址。汪一鸣：《历史时期黄河银川平原段河道变迁》，《宁夏大学学报》（自然科学版）1984 年第 2 期。

有葵花、水稻、玉米等作物。现全被开辟为农田及村落聚居点，并有 109 国道、110 国道等交通要道纵横穿越，村落密集，人口繁衍，交通便利（图五、六；彩图三）。

此段墙体现已消失，但较早的文献如《嘉靖宁夏新志》首页《国朝混一宁夏境土之图》中，就将此段长城从贺兰山向东一直绘到黄河边[1]；《万历朔方新志》中亦载"西长城……迤北接北长城，至大河"[2]。而到清乾隆年间的文献中亦有"北长城三十里，自西而东，接黄河"[3]的记载，说明此段清代还有墙体。清代以后，长期的废弃坍塌，加之黄河泛滥、农业开发等破坏，致使该段墙体损毁无存。至少到 20 世纪 80 年代文物普查时"其遗迹多已不存在了"[4]。调查中我们走访了一些当地年纪较大的老百姓，他们也对此段墙体毫无印象。由此可印证此段长城很长时间以前就已无存了。

该段与墙体相配套的其他设施，如敌台、烽火台、关堡等均已无存。

2. 红果子长城（编码：640205382101170003—640205382102170009，工作编号：07HHQ003—07HHQ009）

此段是旧北长城至今尚存的长城墙体，因位于红果子镇，俗称红果子长城。起始于今红果子镇小墩湾、110 国道以西 5 米处，向西过包兰铁路，沿贺兰山山前台地向西，最后延伸至贺兰山扁沟东侧的陡崖上，全长 5824.7 米（图七）。

此段长城的地势由东向西逐渐抬升，东西两端的最大落差达 84 米。按其特征大致可分为三段：第一段在今包兰铁路线以东，基本属山前冲积扇台地与洪积倾斜平原间的过渡带，地势相对较为平缓，植被相对较茂密，现已基本成为小型工矿企业和村落聚居区。第二段在包兰铁路线以西至贺兰山山脚下，属山前冲积扇台地，地势由东向西逐渐抬升，落差稍大。地表以原生砾石堆积为主，水土流失严重，植被稀疏，大小冲沟纵横。表面生长有沙蒿等野生草本植物，此段尚未开发，仅有几处废弃的羊圈等。第三段基本分布在山梁上，是从贺兰山山脚下开始，随山体而上，最后到达山体半山腰陡崖处。此段随地势高低分布，落差较大。地表以裸露的砂岩土堆积为主，表面生长有稀疏的沙蒿等植物。

此段墙体的类别有土墙、石墙和山险墙等，其中土墙主要分布在山前台地上（另外扁沟河道两端也分布着一段土墙），是在原生砂石地表基础上直接找平、用夹杂有较多小砾石的黄沙土分段版筑而成。土色沙黄，黏性较小，颗粒较细，可能是在就地取材的基础上经过筛选捡别、选取黄土及小砾石来使用。夯土中所含的石粒多为青灰色，颗粒不大且均匀。从保存较好处来看，其夯层厚0.15~0.2 米，以底部较薄而顶部稍厚，一般长度在 3.5 米左右，夯土断面呈底宽顶窄的梯形，系为用夹板整体夯筑而成的单层夯土实体，两侧未加厚。夯窝等痕迹不清。顶部较平，未见垛墙、垛口等。墙体的选址在东侧较为平坦的平地上，墙体较为平直；而在接近山前的台地上，则根据具体地势，基本沿山前台地间相对较高的山梁辗转延伸，其方向基本呈曲折状。这样的选址既增加了墙体高度、又能适当避开山间季节性山洪的冲刷影响。石墙分布在墙体接近山脚下的斜坡处，充分利用此段多石少土的条件，垒砌石墙体；同时，在扁沟较为低矮的山脊处充分利用陡峭山体做山险，而在两山体相对较为平缓和相接处再砌石加高，一直延伸到西侧陡峭高耸的山崖上，从而构成了取材多样、建筑合理的防御工事。

此段长城按照其质地、砌筑特征等由东向西分为红果子 1 段土墙、红果子 1 段石墙、红果子 2 段土墙和红果子 2 段石墙四段，每段又可根据保存状况等大致可分为数小段。

[1]（明）胡汝砺编，（明）管律重修，陈明猷校勘：《嘉靖宁夏新志》，卷首页，宁夏人民出版社，1982 年。
[2]（明）杨寿编撰，吴忠礼主编：《万历朔方新志》（影印本）卷 2，八十四，"边防"条。
[3]《乾隆宁夏府志》卷 2《地理（一）》，"边界"条，第 68 页。
[4] 牛达生、许成：《贺兰山文物古迹考察与研究》，宁夏人民出版社，1988 年，第 75 页。

第一段，红果子 1 段土墙（编码：640205382101170003—640205382102170005，工作编号：07HHQ001—07HHQ003）。

此段墙体是从 110 国道以西 5 米处（G002 点）开始，向西一直延伸到贺兰山山脚下的土、石两类墙体交界处（G024 点），全长 3120.5 米。按其保存状况等又可分为 10 小段（参见图七）。

第 1 段：G002—G003 点，长 122 米，保存较差。残存墙体底宽 2.9~4.5（含坍塌土堆积，下同）、顶宽 0.6~1.2、残高 1.1~2.2 米。

此段墙体残损较严重，除了个别地段尚存外，多数呈土垄状，两侧均有大量的斜坡状坍塌土堆积。夯层厚 0.12 米左右，夯窝及版筑痕迹等已不辨（彩图四~六）。其残损原因有自然和人为因素两种，以后者最为明显。其中自然破坏主要有风蚀、雨蚀以及墙体表层长期受太阳曝晒等形成的片状剥离和粉状脱落、野草生长等，尤其以风蚀破坏最为严重，长期的风力掏挖、磨损使得墙体两侧裸露出的底部均有不同程度的凹槽，以西南侧最为明显，呈带状，凹槽高 0.5、进深 0.7 米。这类凹槽的存在，日久必将降低夯土墙体的支撑力，增加其坍塌等破坏的几率。野草生长亦十分明显，多生长在墙体坍塌土表面，以蒿草等低矮的草本植物居多，生长十分茂盛。人为破坏也十分明显，这是因为该地周围现已成为村落聚居区，当地居民在墙体上取土、依墙搭建房屋厕所、堆放柴草甚至直接在土墙上植树等情况普遍，对墙体破坏十分严重。

另外，在此段墙体的最东端（即现存墙体的起点位置）竖立着两块长城保护石碑，分别是石嘴山市人民政府于 1985 年 6 月 23 日、2001 年 7 月竖立（彩图七）。

第 2 段：G003—G004 点，长 31.5 米，为消失段。此段墙体被周围村民挖断，成为南北两面通行的通道，包括墙体基础等均已损毁无存。

第 3 段：G004—G005 点，长 228 米，保存一般。现存墙体底宽 4.5、顶宽 0.65、残高 1.5 米左右。

此段墙体多已坍塌，整体呈土垄状，仅个别地段尚依稀保留有夯土。两侧底部均有较厚的斜坡状坍塌土堆积，表面生长有茂密的蒿草等野生植物。夯层、夯窝及版筑痕迹等已难辨（彩图八）。其残损原因与第 1 段基本类似，也是位于村落聚居区内，又受自然因素破坏作用（如大量野草生长等），但更多还是受到人为破坏。如墙体西南侧有村民依墙建房，部分挖断墙基；墙东北侧是村民出行的便道，长期的人员往来难免会对墙体产生踩踏破坏。更严重的是在该段墙体的顶部修建了一道水泥灌溉水渠，直接挖断墙体夯土基础，对墙体的破坏十分严重（彩图九）。

此段墙体的东北侧，距离墙体约 3.1 米处，隐约可见一段壕堑痕迹，与墙体并行延伸，向西至田地内消失。其应属位于墙体外侧、与墙体并列的另一道防御设施——红果子壕堑的一部分，只因周围后期开发等影响，使得其已不连续。

第 4 段：G005—G007 点，长 583 米，保存较好。墙体底宽 2.5~3.5、顶宽 0.4~0.9、残高 2.6~3.5 米。

此段墙体除个别地段略有坍塌或局部破坏外，整体保存较好。墙体高耸，两侧底部均有少量斜坡状坍塌土堆积，表面生长有茂密的蒿草等野生草本植物，裸露的墙体底部有风蚀痕迹。墙体内包含的小砾石较多，但夯筑十分坚硬，两侧壁面不生杂草，表面受剥蚀等作用影响而脱落显得粗糙，顶部生长有稀疏的蒿草（彩图一〇~一二）。

此段墙体的损害原因中自然和人为两种因素均较明显。其中自然损害有风蚀、雨蚀、野草生长、鼠类掏挖等。这与夯土墙体暴露在野外，长期遭受日晒雨淋等有关。具体表现如墙基两侧坍塌土上生长有十分茂密的蒿草类野生植物，其根系会对墙体产生一定影响；裸露出的南北两侧夯土底部均有被

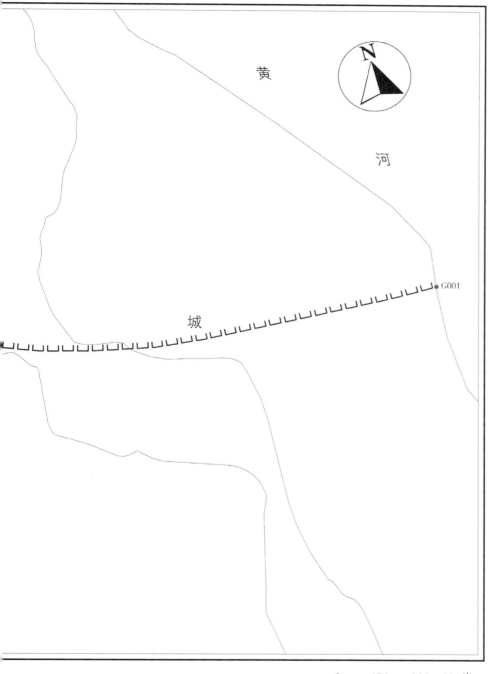

黄

河

城

G001

0   150   300   450米

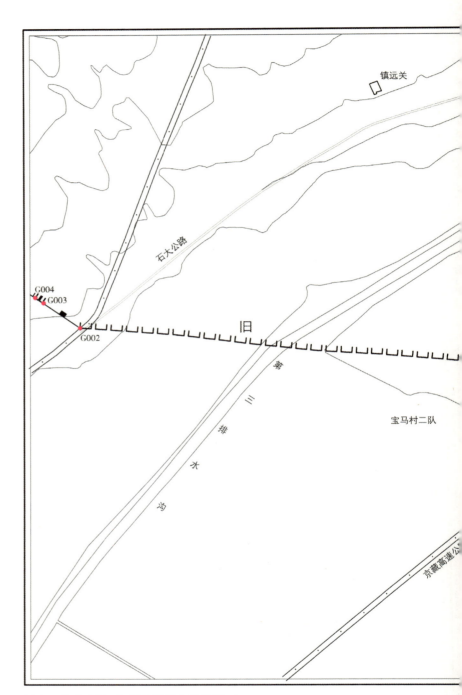

图六　惠农农场-红果子镇消失段长城-2

风蚀出的凹槽，尤其以南壁最为明显，呈带状。风蚀凹槽会降低墙体支撑力，久之难免造成起墙体坍塌等；壁面两侧均有不同程度地片状剥离和粉状脱落，表面呈皴裂状。人为因素主要表现为搭建房屋和挖断等破坏。此段位于今小墩湾村落农田间和工矿企业区，受人为破坏情况也非常严重，典型的如在该段西南侧，有一家小型的耐火材料厂，北面还有一家石灰厂，这些小型厂矿距离长城墙体很近，产生的废气等必然会对墙体产生影响，更为恶劣的是这两家小厂还将邻近厂房的一段长 6.5 米的墙体挖断，作为人员车辆通行的便道，使墙体遭到毁灭性破坏。

第 5 段：G007—G008 点，长 55 米，消失段。此段墙体被并列的东北至西南向厂区柏油路和包兰铁路横穿，墙体除了两条道路隔离带间残存一小段（残长 24 米，保存较好处底宽 3.5、残高 1.5 米）尚保留有土垄状夯土实体外，其余部分均已损毁无存（彩图一三、一四）。

第 6 段：G008—G010 点，长 36 米，保存较差。多已成土垄状，仅局部尚保留夯土基础，但其夯层、夯窝及版接缝等均已难辨。残存墙体底宽 1.4、顶宽 0.2、残高 0.6～1 米（彩图一五）。

此段墙体以中间的 G009 点为界大致可分东、西两段。东侧 17 米，因铺设包兰铁路及掏挖铁路西南侧泄洪渠等影响，墙体多已无存，仅个别地段尚存痕迹。其损害多系人为破坏。西侧 19 米，保存相对稍好，墙体连续，但坍塌甚重。基部两边有大量的斜坡状坍塌土堆积，表面生长较茂密的野生蒿草。但裸露的夯土上很少长草。底部有明显的风蚀凹槽，尤其以东北壁为甚。

从该段起，墙体的位置已逐渐远离现代村落，基本分布于山前冲积扇台地上，地势由东向西逐渐抬升。地表以原生砾石堆积为主，生长有稀疏的蒿草等低矮的沙地野生植物。墙体的残损破坏亦多系自然因素，人为因素相对较少。

第 7 段：G010—G013 点，长 566 米，保存较好。此段墙体除了中间有两处坍塌出的"U"形豁口外（分别位于 G011 点、G012 点处，其中前者长 4.5 米，后者长 10.5 米，仅上部夯土墙体残断，但底部基础尚存），总体保存较好，墙体高耸，夯筑坚硬。底宽 3.6～3.9、顶宽 1.7～1.9、残高 2.9～3.2 米。壁面夯层、版接缝较清晰，夯层厚 18 厘米左右，版接缝长 3.5 米（彩图一六、一七）。

墙体两侧底部坍塌土堆积较薄，表面上依然生长有较茂密的蒿草。裸露出的墙体两侧底部均有风蚀凹槽，以南壁最为明显，呈带状延伸。壁面较粗糙，片状剥离和粉状脱落等病害十分明显。顶部十分平整，未见垛口、垛墙等设施，局部处生长有稀疏的蒿草（彩图一八）。

此段墙体处于山前台地的较低处，地表起伏相对较小，所以墙体亦较直，方向 130°[1]。其底部南北两侧均有从西面山间汇集来的季节性洪水冲刷出的天然泄洪渠，尤其是其北侧，部分地段几乎是紧贴墙根（彩图一九、二〇）。

此段北侧可能受洪水冲刷、淤埋等影响，原先随墙而建的红果子壕堑不见痕迹。

第 8 段：G013—G014 点，长 250 米，消失段。此段地处山前台地的一个低洼处，西北侧山间汇集的洪水从此处斜穿长城，受其长期冲刷破坏，在此处形成一道宽阔的断口，墙基等均已无存（彩图二一、二二）。

此段地势宽漫，但洪水冲刷出的沟壑不深。地表以砾石堆积为主，沙土等包含物甚少。因地表受洪水长期冲刷，今已无墙基等痕迹，很难辨别此段原先是否建有墙体或水关、涵洞等。

第 9 段：G014—G022 点，长 925 米，保存较好。墙体底宽 3.2、顶宽 1～2.3、残高 2.1～4.1 米（彩图二三）。

此段墙体除了 G015 点处有一处小断口（长 5.5 米，也是上部夯土墙体缺失、但基础尚存）外，

---

　　〔1〕　墙体方向的度数均为罗盘南针读数，下同。

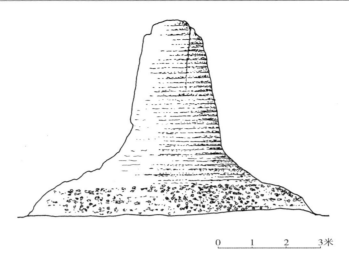

0　　1　　2　　3米

图八　G014点墙体断面图

其余部分基本保持完好,其特征与第7段基本类似。另外,本段起点处的墙体断口为我们提供了一个直观的长城横断面,从这个断面可以看到墙体的夯筑特征:是用夹板一次性夯筑而成的实体建筑,外侧未再夯筑加厚复墙。断面呈梯形,由底向上逐渐收分,夯打十分结实。夯层厚12~18厘米,底部较薄而上部稍厚,每版长3.5米。断面上的夯层较为明显(图八;彩图二四、二五)。

此段墙体的残损原因与第7段类似,以自然因素居多,人为因素相对较少,最明显的人为破坏是在G016点附近的墙体南侧,有依墙修建的一处石砌羊圈,现已废弃。这个羊圈的存在对墙体的保护产生不利的影响(彩图二六)。

此段墙体位于贺兰山山前一级台地上,地势上较之前段又有抬升,地表起伏较大,周围地表以原生砾石堆积为主,沙砾广布,植被稀疏,仅生长有野生沙蒿等植物。墙体分布开始有意识地避开一些易受山洪冲刷的低洼处,沿较高的台地脊部蜿蜒向西延伸,中部几经转折。这些折点及其方向分别为:

G014—G015点,长145米,方向140°。其中G015点是一个较大的拐点,墙体在此处随地势折向西南;

G015—G016点,长220米,方向135°;

G016—G017点,长301米,方向130°;

G017—G018点,长84米,方向125°;

G018—G019点,长44米,方向110°;

G019—G020点,长23米,方向105°;

G020—G021点,长59米,方向120°;

G021—G022点,长49米,方向120°。

另外,在该段的北侧,距墙体5米左右,随墙体走向分布有一道壕堑,痕迹十分明显。壕堑随墙体辗转向西北延伸,一直到近山脚处截止(彩图二七)。

第10段:G022—G024点,长324米,保存一般。墙体底宽3~3.5、顶宽0.6~1.8、残高3.1~3.3米。

此段墙体位置已近山脚下,地处一个突起的山梁上,故其墙体走向较直,方向140°。其夯筑特征与前段基本相似,但保存不佳。坍塌、断口等相对较多,中部出现了3处小的"U"形断口,长度均在3米左右。这些断口均是上部的夯土坍塌而形成,但底部基础尚存。墙体南北两侧底部坍塌堆积土较厚，表面生长着十分茂盛的蒿草。残存墙体壁面坍塌剥蚀等情况严重。顶部较平，局部坍塌较多，顶上生长有稀疏的蒿草。其止点是土、石墙交汇处（彩图二八、二九）。

此段墙体损坏的自然因素和人为因素同样十分明显。自然因素有风蚀坍塌、壁面片状剥离和粉状脱落、草类生长等；人为因素主要有人为踩踏等。此段墙体的南侧现为一处现代墓葬区，墓冢广布，来往祭扫人员较多，踩踏攀爬长城现象时有发生，对墙体影响较大。

第二段，红果子 1 段石墙（编码：640205382101170006，工作编号：07HHQ004）

此段长城位于贺兰山扁沟东面的缓坡上，是夹在两段土墙之间的一段石墙。从山脚下与红果子 1 段土墙交汇处（G024 点）开始，沿山坡逐渐向西北延伸，至半坡处与红果子 2 段土墙（另一段土墙，G029 点）交界处截止，全长 487 米。地势北高南低，两端落差较大。方向总体呈东南—西北向，中间随山梁走势略有转折（彩图三〇）。

此段墙体是用较大的石块两边垒砌加高（砌石厚在 0.2 米左右，石缝间不施胶结材料，仅以小石块等垫塞），中间填充黄沙土与小石块等构筑而成。从保存较好的地段来看，其断面呈梯形，两侧由底向上逐渐收分，收分约 5 厘米。石块多为方形，但大小不一，应非有意选择。石质坚硬，石色较杂，以青灰为主，另有赭红、灰白等，其特征与周围山体石料基本相似，应属就地取材。按其保存特征等大致可分为 3 小段。

第 1 段：G024—G025 点，长 60 米，方向 140°，保存较差。残存墙体底宽 3.8、顶宽 0.8、北侧残高 2.6、南侧残高 1.5 米。

此段墙体坍塌严重，两侧石砌面已不存，整体呈斜坡状。两侧有大量的坍塌石块堆积，表面生长有稀疏的沙蒿。墙体上还有两处断口（分别位于 G024 点北侧，长 5 米；G025 点南侧，长 3.5 米），其残损原因可能主要为自然因素，如垒砌的石块间黏性不足引起的自然坍塌、石缝间生长的野草加剧了墙体的坍塌等。人为因素的破坏近年来亦有增加趋势，这主要是墙体西侧现为一处较大规模的墓地，来往祭拜人员车辆逐年增多，加之旧北长城影响加大吸引了一部分的散客旅游，增大了踩踏攀爬墙体等破坏几率。我们调查时便碰到过有游人攀爬此段墙体的情况。另外 G024 点处的断口，现为横穿长城的一处通道（彩图三一）。

第 2 段：G025—G028 点，长 362 米，保存一般。墙体底宽 3.2 ~ 3.5、顶宽 0.8 ~ 1.6、残高 1.7 ~ 3.5 米。

此段墙体除了个别地段有残断（如 G026 点南，断口长 4.5 米）外，整体保存尚可，部分地段的外侧砌石甚至尚有保留。其中以东北面砌石保存较好，西南面多已坍塌，呈斜坡状，石缝间生长有稀疏的沙蒿等野生植物（彩图三二 ~ 三四）。石墙走向不甚直，中间（G027 点）随地势略有转折。其长度、方向分别为：

G025—G027 点，长 297 米，方向 140°；

G027—G028 点，长 65 米，方向 125°。

此段墙体的 G025—G026 点间，有一段错缝断裂点，墙体左右错开约 1.5 米，上下错开约 1 米，可能是地震[1]所致。宁夏地震部门在此断裂带周围设立了水泥桩和铁丝网等进行加固保护（彩图三五、三六）。

第 3 段：G028—G029 点，长 65 米，方向 160°，保存较差。此段石墙坍塌严重，两侧呈斜坡状。

〔1〕 此断裂错缝明显，有人称之为"宁夏地震史上的活化石"，推测应是明清以来历次宁夏大地震所致，但也有人认为是地壳缓慢移动所致，尚有争论。

石墙底宽3.5、顶宽1.2、残高2.7米。墙体特征、残损原因等基本与第1小段类似（彩图三七、三八）。

第三段，红果子2段土墙（编码：640205382101170007，工作编号：07HHQ005）

此段土墙自半坡处与红果子石墙段交汇处（G029点）开始，沿山坡而上，至半坡处一相对较平缓处的小墩湾2号敌台（G030点）后分成两道，其中土墙折而向西，沿山坡而下，过扁沟沟底的干涸河道，再沿扁沟西面山坡底向西北蜿蜒延伸，最后到北面一较高陡崖边（G038点）截止，平面基本呈倒V字形，全长516.5米。墙体特征与红果子1段土墙基本类似，也是在原生砾石地表上以夹杂小石粒的黄沙土分段夯筑而成，土色沙黄，夯打坚硬，夯土中含石量较多。墙体随山体地势分布，落差较大。该段墙体，特别是位于山坡上的墙体，其周围黄土土层较薄，很难做到就地取材，其夯筑所用原料黄沙土可能是从别处运来的。墙体位置略偏远，其残损原因主要是自然因素，人为因素相对较少。按其特征等大致可分为6小段。

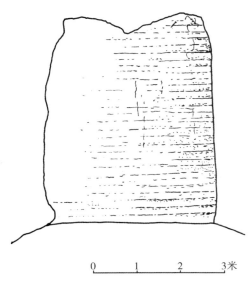

图九　G029点墙体断面图

第1段：G029—G030点，长39米，保存较好。此段墙体是从土石交界处开始，沿山坡向上，至小墩湾2号敌台南侧边缘处截止，方向160°。墙体整体高大突兀。底宽3.85、顶宽3.1、残高4.9（北）、4.8（南）米（图九；彩图三九、四〇）。

此段位于扁沟东面的斜坡状山梁上，地势北高南低，两端落差在10米以上。底部堆积东、西两侧不同，西侧底部有较厚的沙土，土质黏细，色沙黄，呈斜坡状堆积在墙体底部，表面生长有稀疏的沙蒿。这种土与墙体夯土的特征不同，多属风力搬运而来的沙土。东侧底部则基本以砾石堆积为主，坍塌、风淤土较少。两侧壁面均十分陡直，壁面均有片状剥离、粉状脱落等病害，呈皱裂状。其中西壁底部裸露处有明显的风蚀凹槽，槽残高0.3、进深0.5米。北壁上有少量黑色霉斑。墙体顶部并未人为找平，而是随地势呈北高南低之势，表面较平整，未发现有垛口、垛墙等设施，生长有较稀疏的野草。（彩图四一～四四）

此段北面并未与敌台直接相接，残存一道宽约0.5米的缝隙。此缝隙从断面上来看并非后期人为挖断，具体成因和作用不详。

第2段：G030—G031点，长36.5米，保存一般。底宽3.2、顶宽1.2、北侧残高3.1、南侧残高1.9米（彩图四五、四六）。

此段墙体位于扁沟的东面坡上，从小墩湾2号敌台西北角开始，沿此处一道略为凸起的倾斜状山梁而下，蜿蜒延伸至底部缓坡处截止。基本呈东西向，方向240°。地势东高西低，两端落差大。墙体残损稍重，坍塌、风蚀等破坏十分明显，可能与其地处陡坡上，不易夯打，且位置偏高易受风蚀等侵害有关。具体表现在墙体上南北两侧底部均有不同程度的风蚀凹槽，尤其以北壁最为明显，两侧底部很少有堆积土。壁面斑驳皱裂，坍塌、片状剥离、粉状脱落等病害十分常见，有的地段甚至已坍塌成豁牙状。顶部较窄平，野草很少。

第3段：G031—G033点，长59.3米，保存较好。墙体底宽3.2、顶宽2.1、北侧残高3.4米、南侧残高2.6（彩图四七、四八）。

此段位于扁沟东岸的缓坡处，从缓坡近底部（G031 点）开始，随地势略向南折，中部（G032点）又略向北折，最后到达扁沟底部干涸河道东岸边墙体断口处（G033 点）。方向以中部的折点为界，前段为 235°、后段为 265°。此段地势亦为东高西低，但较前段略有缓和，两端落差稍小。墙体底部堆积土较薄；南北两侧裸露墙体上均有风蚀凹槽，以南侧略为明显。两壁陡直，片状剥离和粉状脱落等病害仍然存在，其中北壁上有稀疏的黑色霉斑。顶部平整。

第 4 段：G033—G034 点，长 65 米，消失段。此段地处扁沟底部干涸河道处，受北侧汇集而来的山洪冲刷影响，墙体无存（彩图四九）。

此段属扁沟中部地势最低处，北面山间汇集来的季节性山洪从此处横穿墙体，受其长期冲蚀影响，此地形成一道宽漫的河床，地表堆积以大大小小的鹅卵石为主，几乎不含沙土等。因断口甚长，底部亦不见任何痕迹，很难辨别此段墙体原先是否连续，或者尚存排水涵洞等设施。该段东西两侧的墙体断面十分陡直，壁面亦较为完整，可能并非后期山洪冲刷断裂所致。

第 5 段：G034—G037 点，长 192.4 米，保存较好。墙体高耸连续，现存墙体底宽 3.2、顶宽 2.1、残高 3.5 米（彩图五○、五一）。

此段墙体沿扁沟西岸缓坡分布，基本是在砂石地表上直接夯筑而成，每版长 3.5 米，夯层厚 12 ~ 18 厘米，夯窝痕迹不辨。总体呈北高南低之势，但落差不大；走向不直，中间几经曲折。拐点间的长度、方向为：

G034—G035 点，长 61.2 米，方向 290°；

G035—G036 点，长 98.4 米，方向 185°；

G036—G037 点，长 32.8 米，方向 135°。

此段墙体整体保存较好，但残损仍然较多。损害原因多属自然因素，其中尤其以风蚀最为严重，在墙体的东、西两壁均不同程度地存在，尤其以东壁最为明显，底部裸露出狭长的风蚀凹槽，个别地段尚有风蚀洞。壁面陡直，坍塌、片状剥离和粉状脱落及鼠洞蚁穴等病害较常见，底部堆积土及顶部均生长有稀疏的沙蒿等植物。顶部较平（彩图五二、五三）。

第 6 段：G037—G038 点，长 124.3 米，保存一般。此段墙体继续沿扁沟西岸的近底部山坡向西北延伸，最后至西北侧山体陡崖处截止，方向 145°。因其位置逐渐接近贺兰山陡崖，其西、北两侧的山体均十分陡峭，墙体夯筑方式、保存状况等与前段有较明显的差异。现存墙体底宽 3.2、顶宽 1.6、北侧残高 1.9、南侧残高 4.2 米（彩图五四）。

墙体局部呈两端高、中间低的马鞍形，但落差不大。因位置临近山体陡崖，底部坡度更陡，其夯筑方式与其他平地处略有不同，大致可分为两层：底层东侧施夹板，临坡的西侧则直接依山而建不用夹板，故其断面略呈三角形；上层是在底层的基础上，再用夹板沿东西两面夹击、中间夯打而成，其断面呈梯形。

墙体临坡的西侧淤积有较多的泥沙，有的地段已与墙体平行。沙土表面野草丰茂；中部低洼处已被山坡上汇集的雨水冲刷出一道不大的豁口；东壁底部风蚀凹槽十分明显，壁面亦坍塌较多，呈犬牙突兀状；顶部较平。

第四段，红果子 2 段石墙（编码：640205382101170008、640205382101170009，工作编号：07HHQ006、07HHQ007）。

此段墙体位于扁沟东岸、小墩湾 2 号敌台北侧的山脊上，全长 1700.7 米。平面略呈"Y"形，末端有分叉，大致可分为主道、叉道两条。

此段地处贺兰山山脉半山腰一个相对较平缓的斜坡上，墙体基本沿凸起的山梁分布，地势有高低起伏，落差较大。总体呈北高南低之势，走向亦多曲折。墙体类型以石墙为主，但个别地段直接利用山险。其特点是在相对狭窄、坡面陡峭的山脊处直接利用山险，不砌墙体；而在两道山脊交汇处，或者山脊相对较低矮的山凹等处则以石块垒砌加高。石墙与山险基本间隔分布，共同构成一道防御屏障。其中石墙从保存较好的地段来看，其砌筑方法与红果子石墙段基本相似，也是采用较大的石块沿两侧砌边，中间以小石块及黄沙土混杂填塞，石缝间不加任何胶结材料。石块多青灰，质地细密坚硬，其特征与周围山体石料基本相似，应是就地取材。石块形状各异，可能是采集后未进行精细加工。现存墙体多保存不佳，坍塌等残损较重，多呈石堆状。按主道、叉道分别介绍如下：

主道（G030—G064 点），从小墩湾 2 号敌台北壁处（G030 点）开始，沿大致呈南北向山梁向北蜿蜒延伸，最后连接于北侧陡崖处（G064 点）截止，全长 1281.2 米。按其特征及保存状况等的不同，大致可分为 9 小段。

第 1 段：G030—G039 点，长 65 米，山险，方向 145°。此段所处山脊十分狭窄，东、西两侧均为陡峭的山坡，攀爬不便，故此处直接利用山脊为险，未再垒砌墙体（彩图五五）。

第 2 段：G039—G040 点，石墙，全长 18 米，方向 215°，保存差。此段地处山脊上的一个山凹处，用石块垒砌加高而成。墙体南北两端与山脊相平，残存墙体均已坍塌成石堆，石缝间生长有稀疏的蒿草、毛草等植物。底宽 1.6、残高 0.4 米（彩图五六、五七）。

第 3 段：G040—G042 点，山险，全长 88 米。此段随山脊向东北延伸至 G041 点后折而向北，以拐点为界分为两段，其中前段长 57 米，方向为 220°；后段长 31 米，方向为 140°（彩图五八）。

第 4 段：G042—G043 点，长 22.9 米，石墙，保存较差。此段石墙除了北侧有一小段保存略好、砌石较为规整外，其余墙体坍塌严重，底部残宽 1.4、残高 1.1 米（彩图五九）。

第 5 段：G043—G044 点，长 161 米，山险，方向 160°（彩图六〇）。

第 6 段：G044—G058 点，长 656.8 米，石墙，保存较差。墙体宽 1.4、残高 0.6 米（彩图六一~六三）。

此段石墙位于山脊上，但位置上逐渐远离两侧的冲积河谷带，多处在陡崖前的山峦上，周围山体趋于平缓，石墙呈连续状。多坍塌成石堆，石缝间生长有沙蒿等植物。墙体随山脊多转折。各段的长度、方向分别为：

G044—G045 点，长 38 米，方向 150°；

G045—G047 点，长 122 米，方向 215°；

G047—G048 点，长 53 米，方向 170°；

G048—G049 点，长 65 米，方向 200°；

G049—G050 点，长 70 米，方向 190°；

G050—G051 点，长 24 米，方向 205°；

G051—G052 点，长 39.7 米，方向 160°；

G052—G053 点，长 70.6 米，方向 160°；

G053—G055 点，长 39.5 米，方向 145°；

G055—G056 点，长 19 米，方向 195°；

G056—G058 点，长 116 米，方向 155°。

第 7 段：G058—G059 点，长 50.2 米，方向 145°，保存差。此段山体陡峭狭窄，墙体基本利用山脊，仅在局部垒石加高。随山脊而上，至 G059 点到该山脊一个相对高点处，两点间落差稍大。现存墙体底宽 0.9、残高 0.7 米。

第 8 段：G059—G061 点，长 98.2 米，保存较差。其特征与第 6 段相似，现存墙体底宽 1.5、残高 0.8 米（彩图六四、六五）。

此段石墙随山脊由南向北逐渐下降，一直延伸到该山脊北面的山凹边，呈南高北低之势，两端落差较大。墙体走向不直，中部有转折。按中部（G060 点）为界将此段大致可分为两段，各段的长度、方向为：

G059—G060 点，长 64.3 米，方向 150°；

G060—G061 点，长 33.9 米，方向 180°。

第 9 段：G061—G064 点，长 121.1 米，保存较差。墙体底宽 1.1、残高 0.4 米。

此段墙体位于山脊北面与北侧陡崖相接的马鞍形山凹处，是沿山凹边曲折而下，过最低处，再沿北面陡坡而上，最后连接在陡崖半坡处，呈两端高、中部低的马鞍形。走向随山体几经转折。平面呈反 "C" 形，各段的长度、方向为：

G061—G062 点，长 40.5 米，方向 110°；

G062—G063 点，长 60.1 米，方向 115°；

G063—G064 点，长 20.5 米，方向 155°。

由于受地形限制，此段墙体不再垒砌在山脊上，而是沿山脊东面坡处而建。墙体的砌法亦略有不同，先沿坡面找平垒砌较平的底部基础，然后再在基础上两侧砌石加高。坍塌等残损较重，多数地段墙体已坍塌成斜坡状。

叉道（G054—G069 点），从主道石墙的中部（G054 点）、随此处向东延伸出的又一道山梁向东延伸，最后辗转延伸至东侧小墩湾 1 号敌台处（G069 点），全长 419.5 米。其走势随山脊有高低起伏，落差较大，方向随山脊走向几经转折，总体呈西南—东北向。按其特征及保存状况等，大致可分为 3 小段。

第 1 段：G054—G066 点，长 254 米，山险。从主道石墙中部（G054 点）开始，沿此处分布的一道山脊向东，经中部的拐点（G065 点），最后到山脊东面断崖边（G066 点）。此段山体陡峭，山脊狭窄，南北两侧均为断崖不便攀爬，故不砌墙体，直接利用山体为险（彩图六六～六八）。山脊高低不平，但相对落差不大，走向亦不直，中部略向东南转折。两段的长度、方向分别为：

G054—G065 点，长 182 米，方向 245°；

G065—G066 点，长 72 米，方向 291°。

第 2 段：G066—G068 点，长 100.3 米，石墙，保存较差。坍塌等残损甚重，现存墙底宽 1.1～1.3、残高 0.75～1.1 米（彩图六九、七〇）。

此段墙体位于山脊中部的马鞍形山凹处，从西侧断崖边开始，沿山脊向东，辗转延伸至东面山脊。在山脊上用较大块青灰色、赭红色等片状石块砌边，内侧以小块石块混杂少量沙土填塞而成。与其他地方垒砌特点不同，该段墙体内侧的沙土含量较为稀少，墙体近似毛石干垒，这可能与其周围缺乏土壤，且位置偏高不便运送等条件有关。墙体用石多为片状页岩，其质地、色泽、硬度等与周围山体石料相同，应属就地取材。

墙体走势总体呈中部低而两端高，大致呈 "V" 形，落差较大。受山脊走向影响，墙体走向亦不直，中部有转折。各段墙体的长度、方向分别为：

G066—G067 点，长 55.1 米，方向 290°；

G067—G068 点，长 45.2 米，方向 140°。

第 3 段：G068—G069 点，长 65.2 米，方向 145°，山险段。

此段位于山凹东面的山脊上，从西侧陡崖边开始，向东随山脊辗转延伸至1号敌台处。此段山脊较高且陡，近似尖顶状，故此段不砌石墙，直接利用山体为险。

二　敌　台

敌台，又称敌楼、墩台，是与长城相连、且凸出于城墙的高台建筑。其作用在闲事时供巡狩士兵休息，战时便于攻击城墙底部死角。旧北长城因东段大部分损毁，沿线未发现敌台。残存的红果子长城东段亦未发现，仅在西端发现2座。

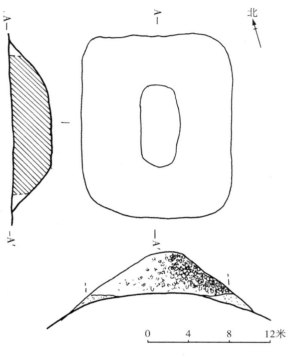

图一〇　小墩湾1号敌台平、立、剖面图

这两座敌台均位于今惠农红果子镇小墩湾西北、红果子长城西侧的贺兰山半坡上，两者之间直线距离为781米。这里西依巍峨的贺兰山山体，东望宽广的银北平原，地势高，视野开阔，便于戍守瞭望。

这两座敌台按其方位由北向南分别编为1、2号，其中位于西北侧的1号敌台为石砌台体，而位于西南侧的2号为夯土台体。

1. 小墩湾1号敌台（编号：6402053521011700001，工作编号；07HHD001）

该敌台修建于贺兰山扁沟东面半山坡，一道大致呈东西向山脊的东缘，东、南、北三面临坡。西南侧与红果子2段石墙的叉道墙体相接，东面坡下即为山前台地。西南与2号敌台相望，东距惠农区9.98千米，西南距石嘴山市31.96千米[1]。是宁夏目前可见分布最北的一座明代敌台。

该敌台是在原生砾石地表上，以较大的方形石块砌边，内以小石块与黄沙土混杂填塞而成的实体建筑。现存台体残损甚重，整体呈圆锥状。但从保存较好的东壁等处来看，其形状应为方台形，方向195°（东壁）。四面底部均有不同程度的坍塌石块堆积。四壁均呈斜坡状，石缝间稀疏生长着沙蒿等植物。顶部不甚平。外侧砌石不甚规整，砌石间不施胶结材料，缝隙较大处以小石块等填塞。石块多为方块形，形状、大小不一。所用石料多为青灰色，质地坚硬细密，其特征与周围山体石料相似，应是就地取材。台体底部东西长14.5、南北长18.6米，顶部东西长3.7、南北长8.1米，残高4.1米（图一〇；彩图七一、七二）。

该敌台整体保存不佳，坍塌等破坏甚重，除了东壁底部尚保留部分砌石痕迹外，多已坍塌成石堆状。从东壁底部来看，该台体的构筑方式很有特点，针对敌台所在山脊较狭窄的情况，垒砌时先依山体用较大的石块垒砌出一个方形台基，然后再在这个基础上砌成方形台体。其中台体与底部台基间有明显的收分，形成一圈较宽的二层台。其中台基残高1.2米，四面均有较多的坍塌石块和土堆积。保留较好的台体残高1.3米，底部较台基回收0.35米。

---

〔1〕　此为手持式GPS测量的数据，下同。

　　该台体因位置偏僻、距离村落较远，且地势偏高、攀爬登临不易等多方面原因，其受损原因中人为破坏相对较少，主要为自然破坏。表现在台体的自然坍塌，这与其位置上三面临坡，易受风力侵蚀等破坏有关，加之台体系用不施黏合剂的石块垒砌而成，本身支撑力不足，在长期遭受风蚀、雨蚀等破坏下容易坍塌。另外在石缝间生长有稀疏的蒿草等野生植物，也会影响到台体的稳固。

　　2. 小墩湾 2 号敌台（编号：640205352101170002，工作编号：07HHD002）

　　小墩湾 2 号敌台位于惠农区红果子镇小墩湾以西、贺兰山扁沟东岸一道大致呈南北向鱼脊状窄而狭长的山脊上，其北、西、南三面均与红果子长城墙体相接（其中南、西面与红果子 2 段土墙相接，是该墙体的一个重要拐点，北面与红果子 2 段石墙相接），东北与分布于另一道分叉山脊处的小墩湾 1 号敌台相望，东距惠农区 10.37 千米，西南距石嘴山市 31.31 千米。台体东、南、西三面临坡，其南面为广袤的山前冲积扇台地，地势由西向东逐渐下降，有红果子长城蜿蜒盘踞其上。西面山脊坡下即为宽阔的扁沟泄洪口。北面为高耸挺拔的贺兰山山脉，地形高亢，视野开阔，便于远距离观察。

　　该敌台是一座在原生砾石地表上直接找平，以夹杂有少量小砾石的黄沙土整体夯筑而成的实体建筑，呈方台形，方向 150°（东壁）。四壁底部均有不同程度的坍塌土堆积，但土层堆积相对较薄。台体四壁由底向上逐渐收分，收分度在 5 厘米左右。夯层厚 0.1～0.15 米，夯打十分结实，夯窝不详。四面壁上均未发现可以登高的台阶等设施。从保存较好的南壁等处壁面来看，夯体每面基本由并列 4 版组成，中间两版相对较长，两边两版则稍短，长度

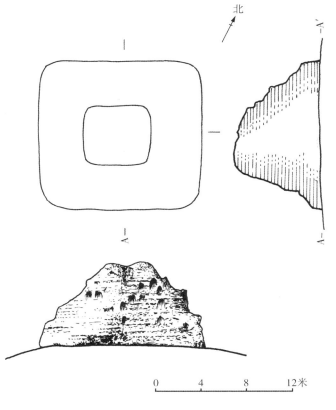

图一一　小墩湾 2 号敌台平、立、剖面图

2.8～4 米。底部东西长 14.4、南北长 13.4 米；顶部较平整，无法登高直接测量，大致东西长 6.2、南北长 5.5 米，残高 7.5 米（图一一；彩图七三～七五）。

　　该敌台整体保存较好，台体高大坚实，但残损破坏仍然较多。其破坏主要为自然因素，人为因素不明显。其中风蚀破坏尤为明显，四壁均有不同程度的风蚀痕迹，四壁壁面上均有风蚀洞，呈蜂窝状，直径 0.4、进深约 0.5 米；西、南、北壁底部均有风蚀凹槽，呈带状分布，其中西壁最为严重，凹槽残高 0.6～1.2、进深 0.4～0.6 米，南、北底部风蚀凹槽残高 0.7、进深 0.7 米。这可能与敌台地处较高的山脊上，四周较空旷等条件有关。同时，在台体的南壁中部有一道明显的水冲沟，是顶部汇集的雨水长期冲刷所致，上宽 0.7、深 0.6～2.4 米。四壁亦有不同程度的坍塌和片状剥离、粉状脱落等病害；另外在底部坍塌土及顶部等处生长有稀疏的蒿草等植物。

　　在敌台周围地表上散落有少量遗物，主要为瓷器残片，器类主要有罐、碗等，重点采集 2 件。

　　标本 07HHD002 采：1，罐底残片，酱釉。胎地稍粗而厚重，色浅白。器物外壁施酱釉，底部局部露胎，且有流釉现象；内壁不施釉，表面呈黑褐色。器表较光滑。器形作斜直壁，器底略束，大平底。

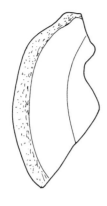

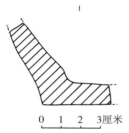

图一二　采集品
（07NHD002 采:1）

残高 5.5、壁厚 1.1、残底径 8、底厚 1.2 厘米（图一二；彩图七六）。

07HHD002 采：2，碗口沿残片，姜黄釉。胎地灰白，质地细腻而薄，器表通施姜黄釉，釉层均匀，莹润而有光泽，釉面密布细密冰裂纹。器形作敛口、圆尖唇、直壁微鼓。残高 2.4、残口径 3.2、壁厚 0.5 厘米。

三　烽火台

烽火台又称烽燧、墩台、烽堠、烟墩、狼烟台、狼烟墩等。明朝在修筑长城时，沿城墙内外、城堡之间修筑了诸多烽火台，墩台相望，以白天点烟、夜间举火并新增鸣放火炮等方式传递军情警报。其多修建于视野较开阔的高处，"高山四望险绝处置，无山亦于平地高处置"[1]。

宁夏北境据《嘉靖宁夏新志》载"（宁夏卫）……领烽堠四十二：镇宁墩、柳门儿墩、瓦窑墩、双谷堆墩、硝池儿墩、望远墩、沿河七墩，以上俱平虏城迤北"[2]，在另一处"北路平虏城"记载中亦大抵类此[3]。而这几座应属宁夏北长城沿线的烽火台。只是囿于资料缺乏、古今地名变化以及很多烽火台后期破坏无存等原因，调查的几座烽火台名称很难与文献一一对应，故暂用邻近地名命名之。

旧北长城沿线调查中仅发现 2 座烽火台，均位于长城北侧。其中一座位于墙体东北约 10 千米处、今惠农区落石滩工业园区内，另一座位于墙体北侧约 2 千米、贺兰山山脚下，均是用石块垒砌而成。其位置上深入北境，有居远侦稽、传递情报的功用。

另外，在落石滩烽火台西北约 3 千米、今属内蒙古阿拉善左旗乌素图镇、正对贺兰山柳条沟口处还分布一座烽火台（当地俗称二毛乌苏墩），为黄沙土夯筑而成的方形实体建筑。底边长 3.5、残高 6.5 米。壁面夯层清楚，每层厚 10 厘米左右。墩西侧尚有两个石堆。此烽火台与落石滩烽火台遥相呼应，有人推测此墩便是明代的柳门儿墩[4]。因其行政区划上已属内蒙古，故我们未作详细调查（彩图七七）。

1. 落石滩烽火台（编号：6402053 5210 117 0003，工作编号：08HHF001）

落石滩烽火台（编号为 F001）位于石嘴山市惠农区河滨工业园区落石滩工区内，地处贺兰山麻黄沟西北约 1.5 千米的山前洪积扇冲积平原上，地处宁夏与内蒙古的交界处，是目前所见的宁夏位置最偏北的一座明代烽火台，南距惠农区 14.53 千米。其西已属贺兰山之北侧尽头，东望洪积平原与黄河，北守银北交通要道，且与今属内蒙的二毛乌苏墩遥相呼应，南应旧北长城等屏障，地理位置十分重要。其名称当地人俗称沿河墩，有人考证其便是明代的镇宁墩[5]。

F001 是直接在一个略高的台地上用石块垒砌而成的实体建筑，周围无围墙、小墩等附属设施。台

---

〔1〕《太白阴经》卷 5，烽燧台篇第四十六。

〔2〕（明）胡汝砺编，（明）管律重修，陈明猷校勘：《嘉靖宁夏新志》卷 1《宁夏总镇十七·五卫》，宁夏人民出版社，1982年，第 63 页。

〔3〕在此处记载的墩台名称略有出入，如不见硝池儿墩、沿河墩，但新增了宁塑墩，计 6 墩，"以上六墩，俱宁夏卫拨人守瞭"。《嘉靖宁夏新志》卷 1《宁夏总镇·北路平虏城》，第 87 页。

〔4〕郑正：《石嘴山地区古迹·古长城》，《石嘴山文物志》（征求意见稿），石嘴山市文化广播电视局编印，1985 年，第 30 页。

〔5〕同上。

体保存一般，坍塌等残损较重，呈石锥状，仅东壁、北壁底部尚部分保留有砌石痕迹，可见其原始形状应为方台形，方向275°（北壁）。其砌法是先以较大块石块砌边，内以小石块及黄沙土混杂填充而成。外侧砌石系直接用毛石干垒，不施胶结材料，缝隙较大处以小石块填塞。砌石厚度0.2米左右。由底向上逐层收分，收分度较大，约6厘米。石块形状、规格不一，似非精选。台体残高7.3米，底部坍塌石块堆积较厚，东西长25.2、南北长18.8米；顶部不平，东西长11.2、南北长10.8米（图一三；彩图七八~八二）。

从坍塌的东壁壁面上来看，该台体间有使桩木作拉筋的情况。桩木为松木质，直径10厘米左右，分层平置，一端与壁面平齐（彩图八三）。

该台体的受损原因有自然因素和人为因素两类，两类破坏均较明显。其中自然破坏主要为坍塌，这可能与烽火台地处偏僻的旷野间，易受风蚀、雨蚀等自然因素影响有关，加之其石块间不施胶结材料，稳固性差，在长期受风雨侵蚀下易引起坍塌等破坏。另外在台体顶部及四壁石缝间，生长有较多的蒿草类植物，其根系肆意盘扎必然会对台体产生一定影响。人为破坏主要表现为搭建房屋建筑破坏。在烽火台的顶部中心有现代树立的一根方形水泥柱，柱残高1.3、宽0.4、厚0.2米，下端直接埋入台体内，柱上有数字符号，可能是测绘部门树立

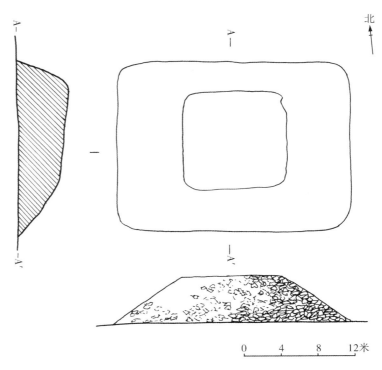

图一三 落石滩烽火台平、立、剖面图

的标志，对烽火台的影响较大。同时，由于该地周围现已逐步开发成工业园区，生产建设日渐增多，也会对台体的保护产生一定的不利影响。

2. 麦如井烽火台（编号6402053521011700004，工作编号07HHF002）

麦如井烽火台[1]（编号为F002）位于惠农区红果子镇麦如井西北、贺兰山东麓的山前冲积扇台地上。《皇明九边考》载："旧自镇远关以至火沙沟（今火石沟，在贺兰山扁沟以北），皆有墩台相接，以断北寇西行之路"，此烽火台便是其一。其位置南距惠农区8.8千米，西距贺兰山约0.3千米，北与黑山营堡相望，相距0.44千米，南与旧北长城呼应，相距约2千米。这里西扼高山，东望平原，南北与黑山营堡、旧北长城相呼应，地理位置十分重要。

F002也是一座由石块垒砌而成的实体建筑，台体东、南侧带有9座小墩（似为举烟放火的平台）。其台体整体保存较差，残损甚重，形状呈不规则圆台形，残高4.8米。底部有大量的坍塌石块堆积，四壁坍塌甚重，壁面上已无砌石面，整体呈斜坡状。底部东西长20.6、南北长25.5米；顶部不平，东

〔1〕 本次调查新发现的一座烽火台。其名称、特征等不见于以前的调查资料，但其北面不远有一处明清时期的砖瓦窑场遗址，至今尚在生产。烽火台是否据此得名，为明代文献记载中的瓦窑墩，待考。

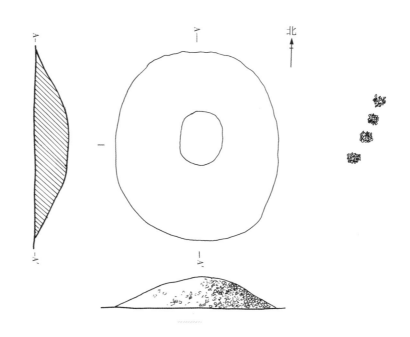

图一四　麦如井烽火台平、立、剖面图

西长 5.4、南北长 7.1 米。顶部中间有一处后期垒砌的小石柱，长 0.4、宽 0.5、高 1.8 米，作用不详（图一四；彩图八四～八六）。

F002 的残损破坏原因有自然和人为两类，两类均表现明显。自然因素主要为坍塌，台体四壁砌石均已无存，呈斜坡状，底部有大量的坍塌石堆积；在坍塌的石缝间生长有十分茂密的蒿草等野生植物，其根系直接扎入台体内，必然会对台体的保护产生一定的不利影响。人为因素最明显的是在台体顶部，有人为垒砌的一根石柱，系直接采集台体砌石垒砌而成，对台体的破坏很严重。另外，在该台体的东南侧不远处有一处废弃的羊圈，西北侧山沟处有一处小型瓦窑工厂，来往车辆行人较多。这些生产生活，以及随之产生的环境改变、污染加重以及行人踩踏等破坏，都会对台体的保护产生一定的不利影响。

在 F002 东侧和南侧的台地上，分布有 9 座小墩，残损甚重，形状均呈石堆状。其中东侧 4 座，与烽火台处于同一台地上，南北向并列分布，方向 160°。由北向南依次编为 L1—L4，各小墩的具体尺寸如下：

L1：仅存残迹，距 F002 东壁 13.7 米；

L2：东西 1.5、南北 1.4、残高 0.4 米，距 L1 中心 2.1 米；

L3：东西 1.3、南北 1.8、残高 0.5 米，距 L2 中心 1.9 米；

L4：东西 11.8、南北 1.5、残高 0.4 米，距 L3 中心 0.4 米。

南侧计 5 座，位于台体南侧一处较窄的冲沟南岸，亦呈东西向排状分布，方向 275°。由西向东依次编为 L5—L9。各小墩具体尺寸如下：

L5：东西 1.5、南北 1.8、残高 0.7 米，距 F002 西壁 49.6 米；

L6：东西 1.7、南北 2.4、残高 0.3 米，距 L5 中心 16.6 米，东北距 F002 顶部中心 50 米；

L7：东西 1.6、南北 2.2、残高 0.5 米，距 L6 中心 5.8 米；

L8：东西 2.1、南北 2.5、残高 0.4 米，距 L7 中心 6.1 米；

L9：东西 1.1、南北 1.4、残高 0.3 米，距 L8 中心 5.2 米。

四　关　堡

关堡是明代设在边防附近、供戍守军队驻扎或储备军需的大小营寨。宁夏旧北长城沿线分布的关堡计 2 座，即镇远关和黑山营堡，均位于墙体北侧，其中镇远关位于墙体北侧约 2 千米的山前冲积扇台地上，是用黄沙土夯筑而成；黑山营子位于墙体北侧约 5 千米的贺兰山山脚下，是用石块垒砌而成，是明代旧北长城延伸出的前哨阵地。

1. 镇远关（编码：640205353102170001，工作编号：07HHB001）

镇远关，"在平虏城北八十里，实宁夏北境极要之地"[1]，《读史方舆纪要》中也有类似记载[2]，"平罗当北面之冲，而镇远关实为外险"[3]。这里西依贺兰山尽头，东临黄河天堑，即所谓"山水相交，最为要地"[4]，为明弘治以前宁夏镇北部的重要屏障。"弘治以前，拨官军更番哨守，为平虏之遮"[5]。只是到了"正德初，因各处征调轮拨不敷，遂弃之，致虏出没无忌，甚或旬月驻牧，滋平虏之患日深，镇远关自不能守，柳门等墩自不能瞭，平虏之势遂至孤立"[6]，遂渐趋衰败废弃，"镇远关虽称有军有墩，相离平虏城百里之远，孤危难守，有名无实而已"[7]。大致在明代中后期，随着平罗北部防御重心的南移而逐渐废弃。

镇远关的具体位置，在《嘉靖宁夏新志》卷首之《国朝混一宁夏境土之图》上，就将其标在旧北长城的中间位置。1985 年第二次全国文物普查时也在此发现有城垣遗迹，对其有较为详尽的记载："距石嘴山市第四中学三百米的旧北长城与石（嘴山）—大（武口）公路交会点的东侧五十米处，原有一座高大的墩台，当地农民叫做小墩……在墩台四周，紧挨长城，有土城遗迹一座。此城残存西墙和部分北墙，东墙遗迹尚可辨认，南墙即为长城线。城为葫芦形，南北长一百三十米，东西宽靠长城为五十米，前部为三十米，残存城墙系黄土夯筑，夯层明显，每层十至十五厘米，基宽五米，残高一

〔1〕《嘉靖宁夏新志》卷 1《宁夏总镇六·关隘》，第 15 页。

〔2〕"镇远关：所北六十里，为宁夏之要冲"，将《嘉》文中所称的与平虏城距离为八十里改为六十里，更接近事实。（清）顾祖禹纂：《读史方舆纪要》卷 62《陕西十一·宁夏卫》。

〔3〕《皇明九边考》

〔4〕嘉靖十九年（1540 年）明巡抚都御史杨守礼所上奏疏，《嘉靖宁夏新志》卷 1《宁夏总镇·北关门》，第 92 页。

〔5〕《嘉靖宁夏新志》卷 1《宁夏总镇六·关隘》，第 15 页。

〔6〕《嘉靖宁夏新志》卷 1《宁夏总镇六·边防》，第 89 页。关于其废弃还有两种意见，一说在明弘治以前，"因极边地方，供饷不便，军多逃散，兵力寡弱，遂行废弃"（《嘉靖宁夏新志》卷 1《宁夏总镇六·关隘》，第 15 页）。另一说是在嘉靖年间，"嘉靖中，总制王琼筑花马边新边，弃关不守，自是山后之寇益恣，议者引为琼咎"（《读史方舆纪要》卷 62《陕西十一·宁夏卫》），大致在明代中期前后。

〔7〕《嘉靖宁夏新志》卷 1《宁夏总镇六·关隘》，第 15 页。

米七左右"[1]。只是经过多年的人为开发影响，此地周围现已被新建的公路沿线的商铺餐馆、农居厂房等占据，包括文献记载的城墙等遗迹多已无存，调查时仅发现一处高台遗址等部分遗迹。下面以此为基础作简要介绍（图一五）。

图一五　镇远关周围形势图（《边政考》宁夏镇）

据调查，镇远关位于今惠农区红果子镇镇中心北侧的原五七干校农场处，其南侧约0.3千米处即为红果子长城所在地，北面7.77千米即为黑山营堡。地处贺兰山山脉东侧的山前洪积倾斜平原上，周围地势平坦开阔，现已被辟为农田和村落区，东侧0.103千米处有惠农至红果子省道南北向经过，西侧有110国道从附近经过，交通便利，村落、居民较密集。

该关堡残损甚重，现仅存一处高台式台基，东、北、西三面外尚残存有护城壕遗迹。

台基为方台形，规模较小，残存周长142.8米，占地面积1264.25平方米。是在原生沙石地表上直接找平、以夹杂少量小砾石的黄沙土分段夯筑而成，土质细密，夯打坚实，色浅白。每版长3.5米，夯层厚0.18米，夯窝不详。四面壁以北壁保存较好，南壁残损最重，其余两面则相对保存一般；顶部较平，其中北壁及东北、西南角等处的顶部尚保留有夯土墙（图一六；彩图八七～九二）。

北壁保存尚可，壁面较陡，夯层较清晰，但壁面上的风蚀、雨蚀及霉斑等痕迹十分明显。现存墙体长32.5、残高7.1米。

东壁保存一般，壁面多残损，尤其是东南侧有两侧明显的水冲沟。台基长22.4、残高0.6～2.45米。

---

〔1〕　郑正：《石嘴山地区古长城遗址》，《石嘴山文史资料》第四辑，第31页。

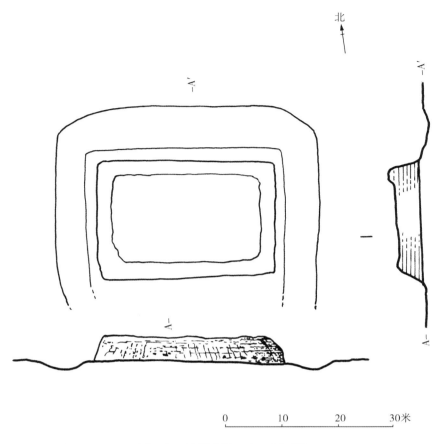

图一六　镇远关平、立、剖面图

南壁残损甚重，壁面已无存。长31、残高4.9米。中部有两处后期掏挖的窑洞，均已坍塌，尺寸分别为高2.2、宽2.7、进深3米和高1.6、宽1.7、进深2.6米。

西壁保存一般，残损亦较多，整体呈斜坡状，夯筑壁面多已不存。长23、残高2.3米。

顶部由北向南略有倾斜，但落差不大。仅北壁及东北、西南角等部分地段保留有夯土墙体，其他遗迹无存。此夯土墙是沿台基顶部边缘、以夹杂少量小砾石的黄沙土夯筑而成，断面呈梯形。由于壁面残损较重，其夯层、夯窝及版接缝等痕迹不辨。中间有几处断口。墙体底宽2.3、顶宽1.9、残高（较台基顶部）1.6米。中部土质较为疏松，现生长有茂密的蒿草、针叶茅草等植物。南面有人为掏挖的圆洞；东面则有顶部汇集的雨水长期冲刷出的冲沟，向东将东壁冲蚀出两道深槽，其中中部一道较窄，但切割较深，而南部一道则较宽（彩图九三～九五）。

护城壕位于台基外侧的东、西、北三面，南侧无存，壕周长110.3米。壕受泥沙淤积等影响较重，现存痕迹较浅，表面生长有茂密的蒿草等植物。其尺寸分别为东壕长38.9、宽7、深1.5米；西壕长38.9、宽9、深1.7米；北壕长32.5、宽9.6、深1.5米（彩图九六、九七）。

此高台的损害原因有自然因素和人为因素两种，两种破坏均十分明显。

1. 自然因素

（1）雨蚀

在现存台基的顶部及四壁上，分布有不少水冲沟，尤其以东壁最为明显，有两道较深的凹槽。系高台顶部汇集的雨水长期流淌、冲刷所致。

（2）草类生长

在台体的顶部、底部四周及护城壕内，生长有十分茂密的蒿草等植物，有的根系直接扎入台基内。这类植物长期生长，必然会对台基产生一定的影响。

（3）片状剥离和粉状脱落

在台基四壁上，有明显的片状剥离和粉状脱落等，呈斑驳皲裂状，尤其以保存较好的北壁壁面最为明显。这主要是由于台基在长期受太阳暴晒之下，表面上形成了一层干痂面，引起表层的张力不匀，在温度冷热交替影响下，容易出现片状剥离和粉状脱落等，对台体产生一定的影响。

（4）动物掏挖

在台基的四壁上分布有较多圆形洞穴，尤其以东壁、北壁等处较为明显，多系鼠类等动物掏挖所致。

（5）泥沙淤积

城址东、北、西三面外的护城壕，受泥沙淤积等影响较重，现已基本被淤平。

2. 人为因素

（1）取土

台基的东壁、南壁等处有明显的人为取土痕迹，尤其是南壁，壁面已成豁牙状，外侧夯筑痕迹已无存，可能是有人长期在此取土所致。

（2）掏挖

在台基南壁中部，有两处掏挖出的窑洞，洞较大，且深，内有羊粪等物，现已废弃。这类洞穴的存在，降低了台基的支撑力，对台基的保存影响较大。

（3）踩踏破坏等

镇远关位于现代村落内，其北面为北侧为洗煤厂，正在营业，南侧为烧瓷窑厂，已废弃。周围民房、小企业较多，人员来往也较频繁，保护管理难度很大，很难杜绝一部分人踩踏攀爬台基等破坏行为。

2. 黑山营堡（编码：640205353102170002，工作编号：07HHB002）

黑山营堡也是明代宁夏镇城迤北地区的一处重要关堡，《大明一统志》载："黑山营在卫城（今宁夏银川市）北二百四十里，永乐年建"[1]，《读史方舆纪要》中对其记载更趋详细"黑山营，所（平房守御千户所）北八十里，永乐元年（1403年）建，与镇远关相应援。嘉靖九年（1530年），废。议者谓河西营堡，惟平罗城三面受敌。河冻时，套寇踏冰入犯，非墩墙所能御也。冰泮后，寇每用浑脱浮渡，扰我耕牧。则弃黑山营、镇远关而守平罗，殆非长算矣"[2]。

黑山营堡的具体位置目前尚有争议。《嘉靖宁夏新志》载其在"（镇远）关南五里，是黑山营，仓场皆备"[3]，在其首页的《国朝混一宁夏境土之图》中亦将其标在旧北长城南侧。在该书的《北路平房城》中又载："关之南五里，旧有黑山营，设有官军守御。黑山营南七十里，设平房城。"[4] 说明其位置应在今旧北长城南侧约2.5千米处。据此，1984年第二次全国文物普查时将距镇远关城南五里的哨马营定为黑山营[5]，此址今已不存。而《乾隆宁夏府志》和清朝道光九年（1829年）编撰的《平

〔1〕（明）李贤等撰：《大明一统志》卷37，三秦出版社，1960年，第643页。

〔2〕《读史方舆纪要》卷62《陕西十一·宁夏卫》。

〔3〕《嘉靖宁夏新志》卷1《宁夏总镇·关隘》，第15页。

〔4〕杨守礼上奏疏，《嘉靖宁夏新志》卷1《宁夏总镇·边防》，第91页。

〔5〕郑正：《石嘴山地区古迹·古长城》，《石嘴山文物志》（征求意见稿），石嘴山市文化广播电礼局编印，1985年，第31页。

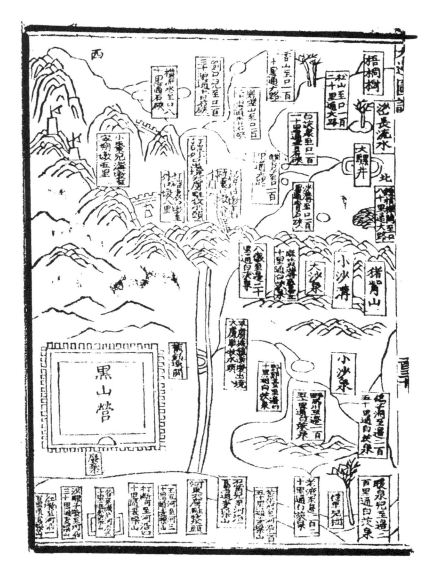

图一七　黑山营周围形势图（《九边图考》）

罗纪略》卷首《贺兰山图》中，则将地处贺兰山北尾的黑山作为黑山营，此处有一处石砌城址。本次调查的便是此处遗址（图一七）。

　　此座城址，位于石嘴山火车站办事处以西约 3 千米，贺兰山东麓一座独立的、较宽平的山丘上。山丘四面环坡，西、南侧底部有一处宽阔的天然泄洪沟。处山前冲积扇台地上，西距贺兰山山体约 1.2 千米，南距镇远关 7.77 千米，东南距惠农区 15 千米，西南距石嘴山市 36.93 千米。这里西依山体，东望山前台地，北守银北交通要道，南连镇夷关及旧北长城等防御设施，地理位置十分重要。

　　该堡是在一座独立的山丘顶部、基本沿边缘以石块垒砌而成，西高东低，落差较大。地表以原生砾石堆积为主，生长有野生蒿草、芨芨草、毛草等植物。堡平面呈方形，四面墙垣均为石块垒砌而成，其中东垣中部留有门道，方向为 190°（东壁），门外有一道石墙，另外墙垣内西南侧还有一处小房址。

　　关堡墙垣周长 123.8 米。均是用较大块石块砌边、内用黄沙土及小石块填充而成，坍塌甚重，除了东垣部分地段外多已成石堆状。所用石料质地坚硬细密，石色有青灰、赭红等，其特点与周围山体

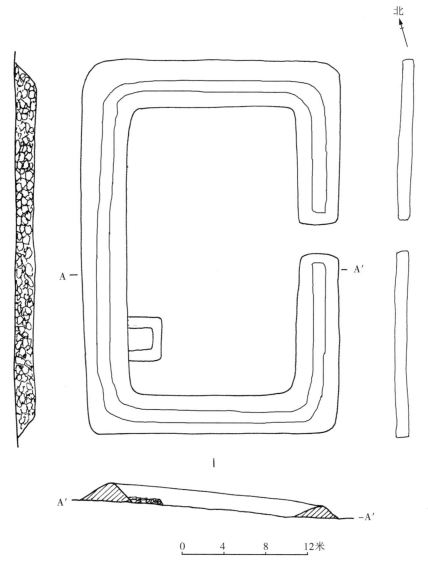

图一八　黑山营堡平、立、剖面图

石料相似，应属就地取材。石块规格不一，大致长 30～50、宽 10～30、厚 10 厘米，似非精选（图一八；彩图九八～一〇七）。

东垣：地处山丘最低处，基本呈两端略高而中部稍低之势，但落差不大。墙垣全长 37.1 米，南半侧部分尚保留有底部砌石，砌石底宽 4.4、顶宽 1.6、内侧斜高 2.4、外侧斜高 2.9 米。墙垣中部低洼处，距南壁 12.5 米处有 1 处门址遗址，现已成为山丘顶部汇集的雨水横穿墙垣的通道，仅存墙垣断口，顶部呈尖状。底宽 3.9、顶宽 0.6、内侧高 0.65、外侧斜高 3.2 米。

西垣：地处山丘最高侧，南北两端较平。墙垣保存甚差，砌石均呈石碓状，残长 37.1、底宽 3.7、顶宽 1.8、内侧斜高 1.1、外侧斜高 3.7 米。内侧偏南处残留一处石砌房址遗迹。

北垣：地势西高东低，呈逐渐下降之势。墙垣保存亦甚差，砌石均呈石碓状。墙底宽 5.5、顶宽 1、内侧斜高 3.3、外侧斜高 3.1 米。

堡东垣外有一道石砌墙体，位置与关堡东垣平行，西距东门 7.6 米，长 37.1 米。现已坍塌，呈石碓状，残墙底宽 1.1、残高 0.5 米。石墙中部有一道小断口，系西侧汇集的雨水横穿墙垣的通道。

在堡内西侧，紧依西墙，距南墙 4.8 米处有一房址，东西 3.6、南北 4.2 米，房址现已坍塌，房址墙体残存南墙宽 1.3、高 0.3 米。

堡整体保存差，残损甚重。最主要的表现为坍塌，四面墙垣及内侧的房址、外侧墙垣等均已成石碓状。另外，在堡内侧及坍塌的石缝间生长有较多的野草。损害主要属自然因素，人为因素相对较少见。这可能与该关堡位置偏僻，周围 5 千米范围内尚未开发等原因有关。

五　壕堑

旧北长城红果子段墙体的北侧，有一道壕堑痕迹，因其地处红果子镇小墩湾，今暂将其命名为红果子壕堑（图一九）。

此段壕堑，是从小墩湾村落聚居区以西开始，随墙体走向辗转向西北，最后到扁沟东岸的斜坡上，全长 4711 米。其类别有壕堑与石墙两类，壕堑是在地势相对较低、土层堆积较厚处直接在地面上掏挖壕沟、并将掏挖出的沙土堆砌在一侧而成堑；而在地势相对较缓、土层堆积较薄的山体坡面上则直接垒砌石墙加高，两者直接相连、共同构成一道防御屏障。

由于资料匮乏，此段壕堑在以前的资料中并未有相关的记录。但至迟到 1984 年全国第二次文物普查时就有调查人员发现其痕迹，"在扁沟口烽火台附近的长城外侧十余米处，有一道隆起的土梁，与长城平行，长约一里。这当亦为长城痕迹，可能是这道长城筑于先，后废弃，又在其南十余米处修筑了遗留至今的长城"[1]，较简略地记载了这道壕堑的位置、分布状况等，为我们提供了一个可资借鉴的基础资料，只是当时误将其认为是长城，属认识上的一个小瑕疵。

此段壕堑根据其类别大致可分为壕堑与石墙两大类，每类下面又可根据其保存状况等再行细分。为了描述方便，今将此壕堑与石墙统一进行编号，由东南向西北分别编为 H001—H009。

1. 壕堑段

此段是从小墩湾村落聚居区以西开始，随旧北长城墙体走向辗转向西北，最后到贺兰山扁沟处的山脚下截止，全长 4566 米。其特点是壕、堑共存，是直接在原生地表上、在外侧（东北侧）掏挖出一道壕沟，再将掏挖出的沙土直接堆放在壕西南侧边缘而成堑。堑是用土直接堆砌而成，整体呈土垄状，未见夯打等加固痕迹，两者相辅相成，有御敌和防洪两方面的功用。

此段壕堑的起点并不在今存旧北长城的起点处，而是在其以西、绕过今村落民房区的旷野之上。东面受农业开发等影响已是踪迹全无，但从调查情况来看其至少与红果子段长城并列分布，只是在山前台地及平原区等几处地段保存尚可，其余地段可能受山洪冲刷淤积以及人为掩埋等而很少保存。

根据其保存状况和特点等，由东北向西南大致可分为五段。

第一段：H001—H002 点，长 228 米，保存较差。此段是目前壕堑所存起点段，从小墩湾村落聚居区西侧开始，向西辗转延伸至西侧厂矿区东边，此段土地因尚未被全部开发，地表还以原生砾石堆积为主，生长有茂密的蒿草、茅草等，因而更多保留了壕堑的痕迹（其东、西两侧均被村落及工厂占据，壕堑痕迹则全部无存）。此段壕堑痕迹较明显，呈连续状，中间无断口。壕堑整体保存较差，东北侧的壕沟基本已被淤平而仅存痕迹；西南侧的高堑整体呈低矮的土垄状，未见夯打等加工痕迹。壕堑距墙体 11 米左右，其中堑底宽 7.5、顶宽 0.4 米；壕沟上宽 5.5、下宽 1.1、深约 1.5 米（彩图一〇八、一

---

〔1〕 郑正：《石嘴山地区古迹·古长城》，《石嘴山文物志》（征求意见稿），石嘴山市文化广播电视局编印，1985 年，第 23 页。

〇九）。

第二段：H002—H004点，长1490米，消失段。根据其消失的原因又可分为2段。

第1段：H002—H003点，长638米，此段基本地处厂矿区，地表有洗煤厂、石灰厂、厂区公路及包兰铁路等，壕堑痕迹无存。

第2段：H003—H004点，长852米。此段地处山前冲积扇台地较低处，虽逐渐远离现代村落及工矿企业建筑区，人为破坏减少，但因地势低洼，易受西侧汇集而来的山洪冲刷影响，壕堑痕迹无存。

第三段：H004—H005点，长690米，保存较好。壕、堑连续，痕迹明显。此段地处山前冲积扇台地较高处，受大规模汇集的山洪冲刷影响相对较轻，故壕堑保存略好，高堑呈鱼脊状，亦未见夯打等加工痕迹；壕沟相对略深，地表生长有茂密的蒿草、芨芨草等植物。其中高堑底宽8.9、上宽0.4米；壕沟上宽5.5、下宽1.1、深0.7米（彩图一一〇～一一三）。

第四段：H005—H006点，长150米，保存一般。此段壕堑方向上随墙体逐渐偏向西北，壕堑的高堑部分保存仍然较好，但壕沟部分可能受山洪冲刷等影响而趋于模糊，边缘基本与地表平齐。高堑距墙体8.4米左右（彩图一一四、一一五）。

第五段：H006—H007点，长746米，保存较好。此段壕堑继续沿墙体向西北延伸，最后至近山脚下的壕堑截止点处。其特点与第三段基本相似。高堑底宽8.8、上宽0.45米；壕沟上宽3.9、下宽0.3、深1.5米（彩图一一六、一一七）。

2. 石墙段

此段石墙位于扁沟东岸的斜坡上，从山脚下壕堑止点处开始，随坡面而上，中间随地势略向西折，最后到半坡处的陡坡边，全长145米。

此段地处贺兰山相对较缓的坡面上，地表以原生砾石堆积为主，土层较薄。此处掏挖壕堑十分不便，故此段不再掏挖壕沟，而是直接在地表上垒砌石墙加高，用较大块青灰色石块砌边，内用小石块与黄沙土混杂填塞。石块规格不一，大致长0.5～0.3、宽0.3～0.2、厚0.2～0.1米。整体保存不佳，坍塌等残损较重。按其保存状况、垒砌特点等大致可分为两小段。

第一段：H007—H008点，长54米，方向320°，保存较差。此段从山脚下壕堑止点处开始，沿坡面而上，最后到半坡处的墙体拐弯处，地势由南向北逐渐抬升，升幅稍大。此段石墙保存较差，坍塌等残损较重，残留墙体并不高。其砌法属直接在坡面上找平、用大块石块两面起砌、中间黄沙土与小石块填充。残存石墙底宽3、顶宽1、残高0.5～1.2米，西距夯土墙体10米（彩图一一八～一二〇）。

第二段：H008—H009点，长91米，保存差。此段从半坡的石墙拐点处开始，沿坡面略向西折，继续随坡面而上，最后到半坡上的一处较陡的冲沟边截止，地势亦随之显著抬升。此段石墙保存差，多已成石堆状。其砌法属紧依坡面，只砌东面，紧贴坡面的西边则直接用黄沙土与小石块填平。残存石墙底宽1、残高0.5米（彩图一二一）。

第三章
北长城墙体及其附属设施

北长城，即明代的"边防西关门墙"，今俗称大武口长城，位于今石嘴山市平罗县和大武口区，南距明平虏城（今平罗县城）约 10 千米，北距旧北长城约 20 千米。修筑于嘉靖十年（1531 年），它是在明中期宁夏镇北部边防兵力不足、难以防守而"弃镇远关、黑山营、打硙口之地"等北面战略要地的背景下，佥事齐之鸾建议总制王琼奏筑的一道"东自黄河，西抵贺兰，筑墙以遮平虏城者"边关防御要塞，于"嘉靖庚寅（九年）十二月筹备，次年春五月至七月工告成"，历时仅半年。"由沙湖西至贺兰山之枣儿沟，凡三十五里[1]，皆内筑墙，高厚各二丈，外浚堑，深广各一丈五尺有奇。墙有堞可蔽，有孔可以下视以击射。为关门二，东曰平虏，中曰镇北，其上皆为堂，若干楹；其下各增城三面，周回百二十余步，徙旧威镇并镇北堡军实之"[2]。

北长城因文献记载较详，加之迄今保存较好，其路线、起止点等均较为明确。其路线东起今平罗县高庄乡金星 3 队的边墙头子处，向西经幸福 7 队、惠威 6 队、今京藏高速公路及城关镇农牧场，过今包兰铁路，再经大武口区明水湖农场、兴民村等地，最后延伸至贺兰山枣儿沟陡崖处的枣儿沟墩附近，全长 19298.5 米。走向总体呈东南—西北向，中间转折较少。沿线还残存有敌台 4 座、关堡 1 座等相关设施。

该段长城初建时曾"为敌台四，皆置庐舍三间；燧台八，各设戍二十人，给以弓矢、枪炮矛盾之器"[3]，已消失的敌台不计，调查中还发现 6 座；而烽火台在调查中多未发现，仅在长城西端止点处的半山腰上有 1 座（枣儿沟烽火台），位置上虽与北长城相邻，但从其分布位置、筑造特点等均应属西长城范围，今暂归西长城相关建筑内。另外，文献记载在长城外侧尚有壕堑遗迹，"外浚堑，深广各一丈五尺有奇"[4]，但此说不见于其他文献。1984 年第二次全国文物普查中也没有记录。1988 年出版的《贺兰山文物古迹考察与研究》一书中曾记载明水湖以东至包兰铁路一段（即今大武口区明水湖段）"墙的外侧挑有壕堑，尚可看到 10 余米宽的残迹"[5]，说明此道壕堑可能当时确实存在，只是到后来被开挖填埋，此次调查未发现其痕迹。

---

〔1〕 一说为五十里，系杨守礼于嘉靖十九年（1540 年）奏疏文中所载。
〔2〕 （明）齐之鸾：《朔方天堑北关门记》，《嘉靖宁夏新志》卷 1《宁夏总镇》，第 90 页。
〔3〕 同上。
〔4〕 同上。
〔5〕 牛达生、许成：《贺兰山文物古迹考察与研究》，宁夏人民出版社，1988 年，第 75 页。

一　墙　体

北长城地跨今平罗、大武口两县（区）的4个乡镇、6个村落，全长19298.5米。绝大部分地处黄河冲积平原、贺兰山洪积倾斜平原和山前倾斜平原上（仅一小段地处贺兰山山前缓坡上），地势宽广平坦，视野开阔。长城均属夯土墙，是在原生地表上直接找平、以黄土分段版筑而成。墙体走向较直，特征基本相同。按其行政规划由东向西分为六大段。

1. 平罗县高庄乡金星—惠威村消失段长城（编码：640221382301170001，工作编号：08PJQ001）

此段是北长城的起点段，东起平罗县金星3队，俗称"边墙头子"（G070点）处，向西经幸福7队（G071点）、今京藏高速公路等，最后至惠威6队村西的1号敌台以西、今存长城起点处（G072点）截止，全长5272米。此段走向不直，基本以今唐涞渠为界，东段基本呈东北—西南向；以西则随地势略向北折，方向85°。此地属黄河冲积平原区，周围地势平坦开阔，其东面为原黄河故道及黄泛区，现随着黄河河道东移，已全部开发为农田及村落聚居区，灌溉农业发达，种植有水稻、玉米等作物。土地肥沃，植被茂密，村落密集（图二〇）。

此段长城的起点处俗称边墙头子，有当地老人尚可回忆出具体位置，并且还有测绘部门在该处设立了一个水泥石柱指示牌。向西的长城墙体已几乎不存，沿线已被20世纪五六十年代时开凿出的一道灌溉水渠所破坏，周围已成良田。据当地老百姓讲，此段墙体在20世纪五六十年代还保存完好，墙体上的垛墙、垛口、女墙及连接于墙体上的俗称"一里墩""二里墩"等敌台尚有保留。只是后来随着大规模的平田整地运动，掏挖墙土垫田、取土烧砖等活动使其遭到毁灭性破坏，致使该段长城墙体破坏殆尽（彩图一二二～一二五）。

该段长城沿线原先还分布着数座敌台、关堡遗迹等，敌台应有4座，其中由东向西的一里墩、二里墩、三里墩等几座敌台均已消失无存，其西端止点处的1号敌台现编号，当地俗称四里墩，还部分保留。关堡当地俗称门城，可能便是北长城沿线两处重要关隘之一的平虏关门，位于该段长城偏西侧，现也是仅存痕迹。

2. 平罗县高庄乡惠威村土墙（编码：640221382301170002，工作编号：07PGQ002）

此段长城，自高庄乡惠威村6组村西今存长城起点处（G072点，此点南距平罗县城8.48千米，东距京藏高速公路264米）起，向西经惠威7队农田区，最后至平罗县第三排水渠的西岸（G078点），全长609米（图二一）。墙体走向较直，基本呈东西向，方向85°。此段长城地处较平坦的灌溉农田间，周围地势平坦开阔，起伏不大，周围已全部被开辟为农田，种植有玉米、水稻等作物，土壤因长年灌溉而含水量极大。墙体残损较重，整体呈断断续续状。其损坏有自然和人为两个方面的原因，两种作用均十分明显。自然破坏有坍塌、风雨侵蚀及草类生长等。其中以坍塌最为明显，两侧底部均有坍塌土堆积，呈斜坡状，堆土上生长有茂密的芦苇、茅草等植物；裸露出的北壁底部有明显的风蚀凹槽，两侧壁面及顶部上有明显的雨水冲蚀槽，壁面上还有片状剥离、粉状脱落等病害，整体呈片状皱裂；壁面上还分布有较多的田鼠掏挖的洞穴。人为破坏主要表现为掏挖破坏、取土垫田等情况非常严重，如该段偏西处有明显的人为掏挖的凹洞。

此段长城按其特征及保存状况等，大致可分为5段。

第1段：G072—G073点，长37米，保存较好。长城墙体相对略高且连续，夯土较纯净，土色沙白，质地坚硬，裸露出的夯体不生杂草。夯层厚0.15米，但夯窝、版接缝等痕迹不辨。保存较好处墙体底宽5.4、顶宽4、残高1.7米（彩图一二六、一二七）。

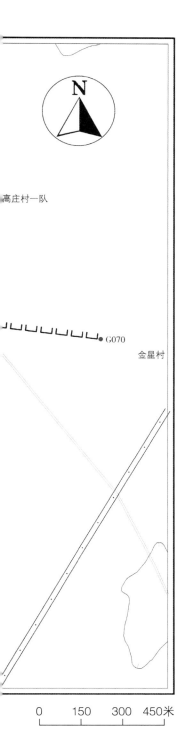

高庄村一队

G070

金星村

0　　150　　300　　450米

此段墙体地处惠威6队灌溉田地间，东距今京藏高速公路（G6）0.264千米。保存墙体较高大，其原因可能是因其南侧约5米有一处现代坟冢，不便取土。壁面上的剥蚀、坍塌及人为掏挖等破坏十分严重，其中坍塌以北侧最为明显，原夯土壁面早已不存，壁面已成突兀状。两侧墙体的堆积土上生长有茂密的芦苇等野草，有的根系已直接扎入墙体夯土内，对墙体保存影响较大。而南侧的中部有一处明显的凹洞，洞壁有清晰的镢头印，宽约1.5、进深1米，系人为取土所致。另外此段的西端有一条通往南侧田间的土路，横穿长城后又沿墙体南边向东延伸，也对墙体的保护有不利影响。

此段墙体的中部较凸起的地方连接有今俗称四里墩的敌台1座（惠威村敌台）。

第2段：G073—G074点，长157米，保存较差。墙体因后期人为取土等破坏，多数地段已残损，仅局部残存墙基，呈断断续续状。

第3段：G074—G076点，长90米，保存一般。墙体坍塌、残断等较为严重。裸露出的夯土质地坚硬，色泽灰白，表面不生野草。夯层较清晰，厚度在15厘米左右，但夯窝、版筑痕等已难辨。保存较好处墙体底宽3.5、顶宽1.5、残高1.9米（彩图一二八、一二九）。

第4段：G076—G077点，长143米，保存较好。墙体除了中部有两处当地村民掏挖的横穿墙体、宽度在2米左右的水渠外，其余地段尚基本连续。墙体底宽7、顶宽4.5、残高1.7米（彩图一三〇）。

此段墙体保存较好，一个重要原因可能与其地处农田间，两侧田地连续，无横穿墙体的土路等有关。

第5段：G077—G078点，长182米，消失段。此段自农田西侧边缘的墙体断口处开始，向西经第三排水渠东岸渠坝上的土路、第三排水渠，最后到水渠西岸边。此段受平整田地及开挖水渠等破坏，墙体损毁无存（彩图一三一、一三二）。

3. 平罗县城关镇平罗渔场土墙（编码：640221382301170003、640221382301170004，工作编号：07PGQ003、07PGQ004）

此段是从第三排水渠西岸边开始，向西经长城公墓等地，一直到西面的包兰铁路（平罗县与大武口区的分界线处）截止，全长2686米。此段地处丛草沙堆及浮沙地带，周围地表多未开发，墙体除了中部有人为破坏的情况外，其余地段多为自然破坏。根据其保存特征等，大致可分为7段（参见图二一）。

第1段：G078—G079点，长328米，保存一般。此段地势平坦，墙体走向笔直，方向85°。多数地段仅存墙基，呈土垄状，夯层、夯窝及版接缝等痕迹均已难辨。裸露出的夯体色泽灰白，质地较硬。残存墙体底宽5、顶宽3、残高2.2米（彩图一三三、一三四）。

此段长城位置上已基本脱离开现代村落和农田区，其周围除了东端的排水渠、西端的公墓区外，南北两侧多未开发，地表以原生沙土堆积为主，生长有较茂密的沙蒿、芨芨草等植物。

此段墙体残损甚重，其残损原因有自然和人为因素两种，其中以人为破坏最为严重，明显的如取土、踩踏等。据当地老百姓讲，此段墙体在20世纪五六十年代平田整地中被挖掉，其夯土被转运到周边田地中，故此段墙体仅存地基。其北侧现在还有一道长期踩踏出的土路，紧依墙体底部延伸，来往的车辆行人难免会对墙体有一定的踩踏。自然破坏亦较明显，典型的如沙土掩埋，在墙体底部两侧均有大量的风淤沙土堆积，呈斜坡状；墙体表面酥化情况十分严重，呈片状皲裂状，质地疏松，孔隙较大，夯层、夯窝等痕迹难辨。墙体土质属碱性，黏结度较差，在长期的日光、风力等作用下产生皲裂，在外力作用下易坍塌剥落，对墙体的保护影响较大；墙体上还分布有较多的鼠洞，直径多在5厘米左右，系田野上的田鼠掏挖所致。另外草类生长亦较严重，主要分布于风淤土上，有蒿草、沙刺等，墙体顶部亦有稀疏的草类生长。

第 2 段：G079—G080 点，长 143 米，消失段。此段长城 20 世纪八九十年代被宁夏金顺集团开发的"长城公墓"所占据，有陵园公路倚墙而建，有的地段甚至横穿墙体，还有陵园直接在墙体沿线新修的现代"长城"等，致使此段原有土墙残损无存（彩图一三五）。

第 3 段：G080—G081 点，长 216 米，保存较差。墙体残缺断口较多，两侧底部均堆积有大量的风淤沙土，与墙体坍塌土相混杂，呈斜坡状。土中含沙量极大，表面已很难辨别夯层、夯窝及版接缝等痕迹。残存墙体底宽 7、残高 1.55 米（彩图一三六）。

该段长城位于"长城公墓"西侧的墓葬区内，墙体南北两侧均分布数量极多的墓冢。同时，在墙体南侧、基本紧贴墙外侧有一道与墙体并行的陵园柏油路，沿路边与墙基间还栽植有一行树木。

此段墙体的残损原因以人为破坏为主，自然破坏亦较严重。人为破坏中公墓开发建设是最大原因，由于缺乏监管，墓地规模不断扩大，以及与之相配套的公路建设、个别地段挖墙取土等对墙体影响极大，也很难杜绝来往人员肆意攀爬踩踏墙体等情况的发生。自然破坏主要有风蚀、植物生长、鼠类掘挖及夯土表面风化脱落等，表现最明显的是植物生长影响，如墙体南侧沿公路栽植的树木，以及墙体两侧堆积土上还生长有较多的蒿草等植物，其根系深扎难免会影响对墙体的保护；裸露出的夯体表面酥化剥落情况十分严重，墙体脱落的表层干痂厚度可达 3 厘米；部分地段还有少量鼠类掘挖出的洞穴等，也会对墙体保护产生一定不利影响。

第 4 段：G081—G082 点，长 1130 米，保存较好。墙体较高，分布基本连续，土色沙黄，质地较硬。但夯层、夯窝及版接缝等痕迹不辨。残存墙体底宽 5、顶宽 1、斜高 3 米（彩图一三七）。

此段墙体位于平罗县长城公墓区的西侧、至今还未完全开发的半荒漠沙滩上，位置已逐渐远离公墓区，受人为破坏相对较少。但自然破坏较多，表现最明显的是坍塌和风沙淤积，墙壁两侧均有不同程度的坍塌土及风淤沙土堆积，尤其以南壁堆积最厚，呈斜坡状，表面生长有茂密的茅草等植物。裸露出的夯土上很少生长植物，表面酥化剥落现象十分明显，局部地方的干痂皴裂层厚 3 厘米左右。

第 5 段：G082—G083 点，长 362 米，保存差。墙体坍塌等残损甚重，呈断断续续状，多数地段仅存痕迹。保存较好处的墙体底宽 11.2、顶宽 4、残高 1.2 米（彩图一三八、一三九）。

此段长城地处偏远旷野间，距离村落、公路等较远，周围多未开发，地表以原生沙土堆积为主，生长有蒿草、沙刺等野生植物。其破坏主要是自然因素，主要为沙土淤积等。沙淤土在残存墙体的两侧底部均有分布，呈斜坡状，表面生长有稀疏的沙蒿、芨芨草等植物。

第 6 段：G083—G084 点，长 202 米，保存一般。墙体基本呈连续状，但坍塌等破坏较重，两侧均呈斜坡状。墙体表面上的酥化脱落、草类生长等破坏十分明显。残存墙体底宽 7、上宽 2、残高 1 米。

此段长城所处细部环境、破坏原因等与前段相似，但因其逐渐临近包兰铁路及 301 省道等交通干线，人为破坏因素逐渐加重。典型的如在该段墙体的中段，有一座电线传输铁塔，其底部已近墙体，必然会对墙体的保护产生一定的不利影响。

第 7 段：G084—G085 点，长 305 米，消失段。此段长城地近包兰铁路、301 国道等交通要道，过往车辆行人极多，且有铁路道班等建筑，有的建筑甚至直接建在长城线路处，长城损毁无存。

4. 大武口明水湖农场土墙（编码：6402023821011 70001—640202382301170005，工作编号：07DMQ001—Q005）

此段长城从今大武口与平罗县分界处的包兰铁路边（G085 点）开始，沿明水湖北侧的田间向西，经明水湖渔场及农场场部，最后到场部以西、兴民村以南的长城断点处（G111 点）截止，全长 5734 米（图二二）。地势上属黄河冲积平原与西部洪积倾斜平原交界带的低洼地，周围地势平坦，视野开阔。周围环境大致可分为东西两大部分，东段基本位于农田及湖泊间，其南面是由原天然湖泊和盐碱滩地改建而成的、占地数千亩的明水湖渔场，有一道宽约 2 米的灌溉水渠与长城相伴而行，北面多已改为农田。此段间长城墙体保存较好。西段则为明水湖农场场部和居民点所占据，村落密集，交通方便，长城墙体受其影响多已不存。

此段墙体是在平坦的滩地上以黄沙土夯筑而成，土色黄中略泛红（似含红胶泥成分），质地较坚硬，局部有泛白色盐渍痕。其土质土色等与周围土十分相似，应属就地取材。因残损较重，墙体的夯层、夯窝及版接缝等痕迹多已不辨。表层皴裂现象十分严重，厚度在 5 厘米左右。两侧堆积土上生长有茂密的野草，有芦苇、沙芨、蒿草等。但裸露的墙体上基本不生杂草。

此段长城在 1984 年的文物普查中曾经发现过一处关堡遗迹，"遗址在平罗明水湖农场场部东三里，西南二里许是平汝铁路支线的潮湖车站，南距平汝铁路不足一里，北、东两面为碱滩。关堡坐落在北长城线上，关门及关墙系黄土夯筑，全部倒塌。关门与'二堡'变成'品'字形一大二小三个土丘。在遗址上拣有残砖、瓦片、破碎瓷碗"[1]，当时被认为是北长城沿线重要关隘之一镇北关门，只是由于破坏甚重，此遗址已无痕迹。

此段长城按其保存状况等由东向西大致可分为 22 段。

第 1 段：G085—G086 点，长 45 米，消失段。此段位于包兰铁路及 301 省道以西，位于铁路地基分布范围内，可能是受到铁路基础建设等影响，此段墙体今已无存。

第 2 段：G086—G087 点，长 30 米，保存较差。此段长城位于铁路以西、明水湖渔场北面的盐碱荒滩上，两侧地表均有盐渍分布，生长有茂密的蒿草、芦苇等植物。墙体残损较重，整体呈土垄状，夯层、夯窝等难辨。两侧斜坡状堆积土上生长有茂密的野草，个别地段尚有人为取土的痕迹。残存墙体底宽 2.1、顶宽 0.4、残高 1.5 米（彩图一四〇）。

第 3 段：G087—G088 点，长 93 米，消失段。此段是墙体之间的一处较长的断口，有一道土路南北向横穿墙体，通往南侧的一处小型钓鱼场。断面处墙体底宽 1.6、顶宽 0.3、北侧残高 1.5、南侧残高 0.7 米。

第 4 段：G088—G089 点，长 37 米，保存较差。墙体断裂、残损较重，整体已呈断断续续状。残存的墙体亦多仅存基部（彩图一四一）。

第 5 段：G089—G090 点，长 358 米，消失段。此段为一处较长的断口，墙体损毁无存。

第 6 段：G090—G092 点，长 193 米，保存一般。墙体基本呈连续状，但残损较重，表面生长有野草。夯层厚度在 15 厘米左右，但夯窝、版接缝等痕迹不辨。两侧壁面中以南壁保存较好，壁面较陡，底部堆积土较少；北面墙体则呈斜坡状，外层堆积有较厚的沙土。残存墙体底宽 14.5、顶宽 1.2、残高 2.6 米（彩图一四二、一四三）。

在 G090 点以西 2.5 米处，墙体北面有一处半圆形凹坑（仅是将墙体部分挖掉，未完全挖断），坑长 6.4、宽 6.1 米，系人为掏挖取土所致。

第 7 段：G092—G093 点，长 267 米，保存较差。墙体断裂残损较多，有的断口处有明显的人为掏挖的工具及车辙痕迹；表面野草分布较密，两侧堆积土较厚，呈斜坡状。残存墙体底宽 2、残高 1.3 米（彩图一四四）。

第 8 段：G093—G095 点，长 397 米，保存一般。此段除了中部有一处小断口外，墙体基本呈连续状分布，两侧底部均有较厚的堆积土，呈斜坡状，表面生长有茂密的蒿草、芦苇、针叶茅草等植物。个别地段尚残留有夯体部分，其外层有较厚的皴裂层，裸露出的夯层厚 15 厘米左右，夯窝、版接缝等

---

〔1〕　郑正：《石嘴山地区古迹·古长城》，第 38 页。

痕迹不辨。夯体上很少生长植物。残存墙体底宽 14.5、顶宽 1.2、残高 2.6 米（彩图一四五）。

此段中部的断口位于 G094 点处，西距 GPS0022 点 210 米，断口宽 18 米，也是墙体上人为挖断的、横穿南北的通道。断面处墙体底宽 22.5、残高 4.5 米。

第 9 段：G095—G096 点，长 58 米，消失段。此段也是被掏挖所致，成为南北通行的一个豁口，墙体无存（彩图一四六）。

第 10 段：G096—G097 点，长 100 米，保存较好。此段墙体呈连续状，但夯层主体已难辨。顶部呈鱼脊状，宽度约 2 米；两侧均呈斜坡状堆积，质地疏松，皲裂十分严重，表面生长有较茂密的芦苇等植物，可能系后期人工垫土所致。墙体底部多有獾类、鼠类等掏挖的洞穴。残存墙体底宽 10.8、顶宽 1.5、残高 7 米（彩图一四七）。

第 11 段：G097—G098 点，长 49 米，消失段。此段是一处较宽阔的断口，墙体无存。此段断口处有一道现代开凿的水渠南北向横穿墙体，向西与长城并列而行，形成南北两道与墙体并行的排水渠。其中北面排水渠距墙体 10 米，南面距墙体 20 米（彩图一四八）。

第 12 段：G098—G099 点，长 274 米，保存较好，其特征与第 10 段相似。残存墙体底宽 11.3、斜高 6.7、断面处墙体高 4.1 米。

此段起点处是长城中段的一处拐点。墙体自该处起略向北折，方向 115°，与前段墙体间略有转折。

第 13 段：G099—G100 点，长 30 米，消失段。此段也是一处较宽阔的断口，墙体无存。

第 14 段：G100—G103 点，长 669 米，保存较好。墙体特征等与第 10 段相似。残存墙体底宽 12.2、顶宽 1.2、斜高 7.2 米。

此段长城连接有三处相关设施，其中两处为敌台，均位于长城墙体北侧，为方台形夯土实体建筑，南侧直接与墙体相连。其中明水湖 1 号敌台（D001）位于起点断口北侧，明水湖 2 号敌台（D002）则位于该段偏西侧，距起点 520 米处。另一处为一段女墙，位于该段墙体起点处的南侧、距主墙 2.7 米处，残长 20 米，也是以黄沙土夯筑而成，整体亦呈高垄状，其位置与主墙并行，两者并不相连（彩图一四九）。

第 15 段：G103—G104 点，长 34 米，消失段。此段也是一处较宽阔的断口，有一道现代修建的排水渠南北贯穿墙体，墙体无存。

第 16 段：G104—G105 点，长 826 米，保存较好。此段墙体特征等与第 10 段相似。残存墙体底宽 13.6、顶宽 2.6、斜高 7.1 米（彩图一五〇）。此段长城墙体中部连接有一处为明水湖农场 3 号敌台（D003），东距 G104 点 329 米，亦是凸出墙体北面、南面与长城墙体相连的方台形实体建筑，坍塌等残损较重。

另外，该段长城的周边环境略有变化，即南面的宽阔的鱼塘区已到边缘，其西已成为农田。墙体周边不再像前段墙体北临农田、南临鱼塘的格局，两边均成了农田。

第 17 段：G105—G106 点，长 19 米，消失段。此段也是一处豁口，墙体无存。此段长城位置已渐近明水湖农场村落聚居区，人为破坏因素逐渐增多。该段墙体断裂处（偏南侧）已被数座现代墓冢占据，有的墓冢甚至直接依墙而建，对长城墙体的保护有一定的不利影响。

第 18 段：G106—G107 点，长 398 米，保存差。墙体残损甚重，整体已呈断断续续状，残损、断裂情况较重。保存较好处墙体底宽 9.1、顶宽 1.1、斜高 2.4 米。

此段墙体上有一座直接竖立在墙体上的水泥保护碑，系平罗县人民政府于 1985 年 11 月所立（彩图一五一）。墙体已近明水湖农场聚居区，人为破坏十分严重，墙体南侧修建有通往西侧农场的柏油路，基本紧贴墙基而行；而墙体残断情况十分严重，多是人为挖断所致（彩图一五二）。

第 19 段：G107—G108 点，长 91 米，消失段。此段也是一处较宽阔的豁口，系人为取土破坏所致，墙体几近无存。

第 20 段：G108—G109 点，长 121 米，保存差。墙体残损较重，总体呈断断续续状，坍塌、断裂等较为普遍，墙体尤其是北壁坍塌甚重，整体已呈斜坡状，但南壁保存略好。保存较好处墙体底宽 9、顶宽 1.2、斜高 4.2 米（彩图一五三）。

此段长城整体保存甚差，多呈斜坡状，但局部尚存夯土实体。其破坏有自然因素，如坍塌、壁面干痂皲裂及片状剥离、粉状脱落、野草生长等，更多的是人为破坏。这与其距离现代村落较近，易受人为掏挖、取土等破坏有关。

第 21 段：G109—G110 点，长 25 米，保存较差。此段墙体基本连续，但坍塌等残损较多，整体已成土垄状，南北两侧均呈斜坡状，局部处尚残存夯土实体。墙体底宽 12.2、顶宽 3.4、残高 1.2 米（彩图一五四）。

此段墙体位置上已接近明水湖农场场部，人为破坏因素加大。特别是墙体的南侧，距离墙体约 5 米处有一道与墙体并行的柏油路，向西通往西侧的场部。而墙体中部北侧有一处半月形残段，南北长 3.2、东西宽 6.1 米，系人为取土所致。

第 22 段：G110—G111 点，长 1620 米，消失段。此段位于明水湖农场场部内，原长城分布带上现已被村落、道路和农田等占据，墙体损毁无存。

另外，长城墙体过明水湖农场场部后，其方向再次向北转折。

5. 大武口区明水湖农场女墙（编码：6402023823011700006，工作编号：07DMQ006）

此段位于明水湖农场段长城中部、明水湖农场 1 号敌台的南侧，与长城主墙并行但并不相连，属墙体内侧的一道女墙，全长 20 米。处于黄河冲积平原与西部洪积倾斜平原交界带的低洼地，北临长城主墙及明水湖 1 号敌台，再北为灌溉农田区，南面过排水渠与明水湖渔场相邻，地势平坦，视野开阔（参见图二二）。

此段墙体保存较短，特征亦基本相同，仅为 1 段。

G101—G102 点，长 20 米，保存较好。北距长城主墙 2.7 米，呈直线状分布，两端不见拐折，残存墙体较高，但残损较重，两侧呈斜坡状，已看不出夯打痕迹，表面土质十分疏松，酥化皲裂等病害非常严重。表面生长有针叶茅草、沙蒿等，相比以北面野草比较茂盛，南面则较少。残存墙体底宽 5.2、顶宽 1.9、斜高 4.8 米（彩图一五五）。

6. 大武口兴民村土墙（编码：6402023823011700007—6402023823011700010，工作编号：07DMQ007—07DMQ010）

此段长城从沟口办事处明水湖农场场部西北 3.3 千米处（G111 点）开始，向西一直延伸至长兴办事处兴民村西南约 2.5 千米的枣儿沟半坡处（G0129 点），全长 4977.5 米。多数地段分布在山前洪积倾斜平原区，地势较为平坦，由东向西略有抬升，但幅度不大。该段全部位于现代村落及农田分布范围内，受人为破坏十分严重，多数地段长城已不存，残存墙体亦多呈断断续续状。与前段土墙稍有不同的是，此段土墙土质不再像前段那样纯净，而是开始夹杂少量小石粒。土色灰白，夯打坚硬。保存较好处夯层厚 0.2～0.3 米，每版长 3.5 米，但夯窝等痕迹不明显（图二三、二四）。

此段长城沿线还分布敌台 2 座，其中一座位于中段的兴民村，另一座位于长城西端的枣儿沟。枣儿沟半山腰还有一座烽火台（今暂归西长城沿线范围内）。另外，在长城西端、枣儿沟坡下，今属大武口区电厂附近在 1984 年文物普查时还发现有关堡一座，"在今大武口电厂的西北角，距石（石嘴山）大（大武口）公路不足 5 米。城墙完整，仅西墙南段处在高压线下，为了安全供电被架线人把墙顶铲去半米有奇。城堡为长方形，坐西朝东，东西长九十三米，南北宽六十八米；四角有敌台，台突出城堡一米五，合顶四点四米见方，台基六米左右见方。城门在城东墙的正中位置上，现宽四点七米。城门的北面城墙留有土筑登城坡道，长四米，宽二米。城墙顶宽二点七米，基宽三点三米，高二至三米不等。原有女墙，多已塌，残留女墙宽约半米，高不足半米。城墙系黄土分段夯筑，每段三点一米，夯层清晰，每层十至十八厘米。城堡内为建筑大武口电厂的区建公司汽车修理场，经过人工平整、清理，无遗物可寻了"[1]，说明当时保存尚较为完好，调查者将其认定为临山堡。只是经过多年开发建设，此座重要关堡遗迹今已全无了。

此段长城按其特征等由东向西大致分为 19 段。

第 1 段：G111—G112 点，长 1290 米，保存差。此段多已仅存底部基础，仅个别地段夯体尚有残留，底宽 6、残高 0.9 米（彩图一五六、一五七）。

此段长城位于明水湖农场场部以西，从场部以西约 3.3 千米的村边开始，向西一直到兴民村西南约 2.5 千米的长城土墙重新起点处。其位置恰好在两个村落之间，属山前倾斜平原区，地势较为平坦，周围现已全部辟为农田，种植玉米、小麦和水稻等作物。长城墙体保存甚差，顶部现已被推平，建成连接两村间的、宽 10.2 米的土路，仅个别地段尚保留夯土。其南侧还沿墙基修建一道排水渠，渠宽 1.5、深 3 米；北面有沿路边栽植的一行电线杆。

第 2 段：G112—G113 点，长 102 米，保存一般。坍塌等残损较重。残存墙体底宽 6.3、顶宽 1.4、斜高 5.1 米（彩图一五八）。

此段长城北临农田，南面过一道水渠与兴民村 12 队养殖场、居民点相邻，起点处有 1985 年 6 月石嘴山市人民政府竖立的长城保护碑（彩图一五九）。长城位置已逐渐脱离了原两村间的土路（土路在该段起点处向南折，改沿南侧村落间向西穿行），故较前段保存略好，但残损依然较重，整体保存一般。其残损原因有自然和人为两种，两者均表现明显。其中自然破坏有风蚀坍塌、雨蚀、草类生长、动物掏挖等，以坍塌表现最为明显，墙体南北两侧均不同程度的存在，壁面已成斜坡状。坍塌土表面生长有较茂盛的蒿草、野生枸杞等植物，个别处尚有动物掏挖的洞穴。人为破坏主要有踩踏、建设破坏等，这是因为此段长城逐渐接近兴民村 12 队村落，受人为破坏十分明显，墙体顶部已被推平，有长期通行踩踏出的土路。北侧的农田边缘已挖至墙角下，而南侧墙边已成村民倾倒垃圾、堆砌柴草的场所，另外当地政府部门将保护碑直接竖在在墙体上，对墙体保护也有一定的不利影响。

第 3 段：G113—G114 点，长 268 米，保存较好。墙体较高，基本连续分布，但残损亦较多。残存墙体底宽 6.3、顶宽 1.4、残高 3.8 米。其中夯层厚 0.2～0.3 米，版接缝长 3.5 米，但夯窝等痕迹不清（彩图一六〇）。

此段长城从中部特征点开始，向西到一道南北向横穿土墙的土路边截止，位置上处于兴民村 12 队农田间，两侧均有田地分布。现存墙体保存较高，但残损较多。墙体两边的农田边缘已近墙角，受农田挖土影响，墙体两侧的坍塌土堆积几乎无存；壁面均呈犬牙突兀状，表面不生野草；顶部不平。

此段墙体的残损有自然和人为两种，后者破坏最为明显。其中自然因素有风蚀、雨蚀、干痂皴裂、野草生长及鼠类掏挖等。风蚀主要有风蚀剥离等，易引起壁面块状坍塌。雨蚀破坏较重，在墙体南北两侧壁面均有分布，尤其以南壁最为明显，有墙体迎风面及顶部汇集的雨水长期冲刷形成的凹槽；壁面干痂皴裂亦十分明显，乃是墙体长期置于旷野中，墙面在日夜冷热交替影响下，表面易形成一层干痂层，长期会引起壁面片状剥离和粉状脱落等病害。野草生长主要集中在两侧残存的坍塌土上，以蒿草、野枸杞等为主，但裸露的墙体壁面上很少有野草。另外，部分地段还有少量鼠类等动物掏挖的洞穴。

〔1〕 郑正：《石嘴山地区古迹·古长城》，第 38～39 页。

　　人为破坏是该段墙体残损的主要因素。最明显的如该段南侧有两间紧贴长城墙体修建的民居房，墙体北面亦有一间小房，这些房屋均是直接挖断墙体地基而建，对长城破坏十分明显。两面的农田边缘已挖至墙角下，多已挖断了墙体坍塌土，对墙体亦造成一定影响。

　　第 4 段：G114—G115 点，长 54 米，消失段。此段为一处豁口，有大武口一级扬水站管道和一条村级土路等南北向横穿，墙体无存（彩图一六一、一六二）。

　　第 5 段：G115—G116 点，长 182 米，保存较好。此段墙体高大雄伟，但坍塌等破坏明显，现存墙体底宽 7.5、上宽 1.5、残高 5.2 米（彩图一六三）。

　　此段长城亦是位于兴民村 12 队村落民居及农田间，其北面为农田，南面偏西侧有村民依墙修建的民房、猪圈等房舍。墙体特征与第 4 段基本相似，保存墙体较高，呈连续状分布，但残损较多。南北两侧底部均有不同程度的堆积土，呈斜坡状。北壁等处裸露出的夯土底部有明显的带状风蚀凹槽，自然破坏较明显，但其破坏以人为建设破坏最严重（彩图一六四）。

　　第 6 段：G116—G116 点，西北 8 米，长 8 米，消失段。此段是一处较小断口，墙体断裂无存。其南侧是一家紧贴墙体而建的养猪场。

　　第 7 段：G116 点西北 8 米处至 G117 点，长 25 米，保存较好。墙体特征、保存现状等与第 4 段相似。现存墙体顶宽 1.5、残高 5.5 米。夯层厚 0.2 ~ 0.3 米，但夯窝、版接缝等痕迹不清。

　　此段长城南侧有依墙修建的养猪场，北侧是一处废弃的打碾场，堆放有几处麦草垛等。止点处有今编号为兴民村敌台（D004）的相关建筑（彩图一六五）。

　　第 8 段：G117—G118 点，长 1280 米，消失段。此段地势上基本呈两端略高而中部偏低的马鞍形，两端落差在 2 米左右。其中最低洼处有一道从西北汇集而来的山洪冲沟横穿。沟西北侧有一处居民区，110 国道通过，墙体无存。

　　第 9 段：G118— G119 点，长 155 米，保存较好。墙体高大，呈连续状。但残损较重，现存墙体底宽 3.5、顶宽 1.5、残高 3.8 米。墙体夯层厚 0.2 ~ 0.3 米，版接缝长 4.7 米，但夯窝等痕迹不清。

　　此段长城位于今 110 国道西侧，从长城重新起点处开始，向西一直到一条厂区公路旁长城一个断口边截止，地处兴民村村落内，地势较平坦，墙体方向较直。其北侧底部有一道由大武口区文物保护部门设立的水泥石柱及铁丝网保护线，过线是一道与墙体并行的乡级柏油路，再北便是兴民村菜棚及农田区。南面地势较低，地表栽植有茂密的榆树等树木，树林边缘已近墙边。还有一道高压电线杆亦栽在墙基处（彩图一六六 ~ 一六八）。

　　现存墙体整体较高，夯打坚实，但残损较多。底部两侧均有少量堆积土，呈斜坡状；壁面犬牙突兀状，顶部不平。损坏原因有自然和人为两种，后者破坏最为明显。自然因素主要有风蚀、雨蚀、片状剥离和粉状脱落、动物掏挖及野草生长等。风蚀形成的凹槽在南壁裸露出的壁面较为明显；壁面上的干痂皴裂及片状剥离、粉状脱落等病害十分常见；野草主要生长在两侧堆积土上，墙体夯土基础上很少见；动物掏挖的洞穴亦有分布，有鼠洞、蜂穴等，数量较少。

　　人为破坏是该段墙体受损的主要原因，这与其地处村落及道路边有关。最明显的是人为掏挖，在墙体的南壁壁面上有数量众多的洞穴，有的甚至直接挖断墙体形成贯穿式通道（彩图一六九）。另外墙体北面紧贴道路，来往车辆行人众多，所产生的废气等都会对墙体保护产生一定的不利影响。

　　第 10 段：G119—G120 点，长 64 米，消失段。此段有通往西侧厂区的土路横穿墙体，土墙损毁无存。

　　第 11 段：G120—G121 点，长 78 米，保存较好。墙体除了南侧环境略有改变、不再紧邻村落民房，而改为农田外，其余特征与第 9 段相似。现存墙体底宽 7.5、顶宽 3.3、残高 6.3 米（彩图一七〇）。

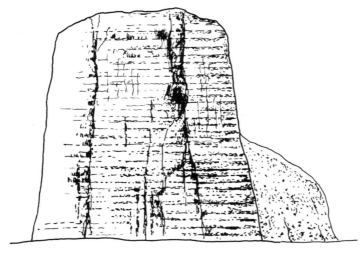

图二五　G122 点处墙体断面图

该段墙体中段有大武口区人民政府 1985 年 11 月竖立的一块水泥质长城保护碑，直接栽植在墙体顶部，对墙体保护也有一定不利影响（彩图一七一）。

第 12 段：G121—G122 点，长 54 米，消失段。此段是一处较长的墙体断口，原紧贴墙体北侧的大武口乡级公路横穿墙体、改沿墙体南侧向西延伸，同时又是通往西侧厂区的另外一道路与北面通往村间道路的十字形交汇点。

第 13 段：G122—G123 点，长 43 米，保存较好。墙体高大，夯打坚实，但残损较重。现存墙体底宽 6、顶宽 3.6、残高 5.2 米。墙体夯层清晰，厚度在 0.15～0.3 米间，底部夯层较薄而顶部稍厚，但夯窝、版接缝等不清（图二五；彩图一七二、一七三）。

此段长城南侧紧贴墙根处是大武口区文物保护部门竖立的水泥保护桩，再南便是大武口乡级公路。北面墙体底部堆积土则相对较厚，呈斜坡状，再北为兴民村农田及蔬菜大棚区，其中东端墙体与村道路交汇的三角区处有大武口区文物保护部门所设的长城保护房，南距长城墙体 7～8 米，有专人负责看管该段长城。

此段墙体残损亦较重。底部北侧有较厚的堆积土，呈斜坡状，表面生长有蒿草等野生植物；但南壁底部堆积土缺较薄，可能是铺设柏油路时被推掉所致，表面亦有野草生长。壁面呈犬牙突兀状，有明显的风蚀、雨蚀和干痂皴裂等病害，中部有一处人为掏挖的半圆形窑洞贯穿墙体，洞宽 0.82、高 1.7、进深 3.3 米（彩图一七四）。顶部不平，表面生长有稀疏的蒿草等植物。

此段长城的残损原因有自然和人为因素两种，以后者破坏最为严重。自然破坏主要有风蚀、雨蚀、壁面剥蚀、野草生长等。而人为破坏主要为掏挖洞穴、搭建房屋及取土垫田等，如壁面中部掏挖的贯穿式窑洞、紧贴墙基而建的道路、长城看护房等。该段长城墙体表面略泛黑色，可能与其长期遭受南侧等处工厂煤烟熏烤等有关。

第 14 段：G123—G124 点，长 91 米，保存较差。此段墙体残损较重，整体已呈突兀状。现存墙体底宽 6～7、顶宽 2.3～4、残高 1.5～8 米（彩图一七五～一七八）。

此段长城地处兴民村 12 队蔬菜大棚区内，其北侧紧贴墙体便是菜棚区，不仅菜地边缘已扩至墙角，一些看护菜棚的房屋也依墙甚至挖断墙基而建。南侧紧贴墙基是一道浅壕，壕内长满野草，并栽植有一行电线杆，再南便是大武口乡级公路。

此段墙体保存较差，多数地段仅存底部基础，上部夯体仅个别地段尚存，总体呈断断续续状。其残损原因除了风蚀、雨蚀、野草生长、壁面干痂皴裂等自然破坏之外，最主要的是人为掏挖、开田建房等。这与其地处村落间，易受人为破坏等因素有关。

第 15 段：G124—G125 点，长 40 米，保存差。此段墙体残损甚重，多已仅存底部残迹。残存墙体顶宽 0.7、残高 3.2 米。其残损原因等与第 13 段相似。

第 16 段：G125—G126 点，长 1125 米，消失段。此段墙体位于今兴民村村落内，受村民建房、修建银汝铁路、沿山公路及大武口区建厂等破坏严重，墙体损毁无存（彩图一七九）。

此段长城自兴民村 12 队村落内长城墙体断点处开始，经兴民村 11 队等村落，过新修的沿山公路继续向西，经大武口电厂厂区，最后到贺兰山枣儿沟南侧的山脚下土墙重新起点处。这里属山前倾斜平原区，地势西高东低，但落差不大。地表较平，视野开阔，现已成为村落聚居区和公路、铁路分布地，墙体无存。其中西侧的大武口电厂厂区内原有临山堡关堡一座，今已无存。

第 17 段：G126—G127 点，长 5.5 米，保存较好。墙体保存较高，但残损亦较多。残存墙体底宽 2.4、顶宽 1.9、残高 2.5 米（彩图一八〇、一八一）。

此段长城分布于贺兰山枣儿沟南侧的一道小山梁上，是从山脚下土墙重新起点处起，随山坡逐渐而上，至半坡墙体断点处（G0127 点）截止，地势随山体逐渐抬升，落差较大。此段墙体是在原生砾石地表上直接找平、以夹杂较多小石块的黄沙土版筑而成，其版痕随地势呈北高南低之势，所选夯土土色沙黄，表面略泛红，包含有较多的青灰色小石块，夯打较结实。夯层厚 0.2 ～ 0.3 米，但版接缝、夯窝等痕迹不清。

此段墙体保存部分较高，顶部平整，但壁面上片状剥离、粉状脱落及底部的风蚀凹槽等病害明显。其损害原因以自然破坏居多，而人为破坏相对较少，这与其位置逐渐脱离村落聚集点等情况有关。

第 18 段：G127—G128 点，长 70 米，消失段。此段墙体塌毁无存。

此段墙体是从半坡处长城断点处开始，继续沿山坡向北而上，到北侧一处小平台后，沿平台东缘继续向北，最后至平台北边。此段地势上除了前段半坡处有南北落差外，所在的平台边缘较平，落差不大。该处小平台上分布有一座相关建筑，编号为兴民村 2 号敌台（D005）。

第 19 段：G128—G129 点，长 43 米，保存较差。此段墙体自兴民村 2 号敌台所在小平台的北边起，沿山坡继续而上，最后至半山坡陡崖边截止。墙体随山体逐渐上升，落差较大，墙体保存较差，基本呈土垄状。残存墙体底宽 2.8、东侧残高 1.9、西侧残高 0.3 米（彩图一八二）。

此段长城的北面山梁上，还存有一座烽火台，编号为枣儿沟烽火台（F002）。

二 敌 台

北长城沿线的敌台，据《嘉靖宁夏新志》载其初修时曾"为敌台四，皆置庐舍三间"[1]，实际调查数目远不止此数。除了其东端今已不存的、当地俗称一里墩、二里墩、三里墩等几座之外，沿线目前尚存的还有 6 座，其中分布在今平罗县境内的 1 座、大武口区境内的 5 座。这几座敌台均为黄沙土夯筑而成的实体建筑，平面呈方台形。残损均较重，顶部建筑等均已无存。按其所处位置由东向西分述如下。

1. **惠威村敌台**（编码：640221352101170001，工作编号：08PGD001）

惠威村敌台，俗称四里墩，位于今平罗县高庄乡惠威 6 队以西、今京藏高速以西 282 米处。南距平罗县 8.48 千米，西距石嘴山市 13.1 千米。其东侧约 0.6 千米处为惠威 6 队居民点，西侧约 0.6 千米为平罗县第三排水渠。这里地貌上属黄河冲积平原区，周围地形广袤平坦，视野开阔。现已辟为农田

---

〔1〕 （明）齐之鸾：《朔方天堑北关门记》，《嘉靖宁夏新志》卷 1《宁夏总镇》，第 90 页。

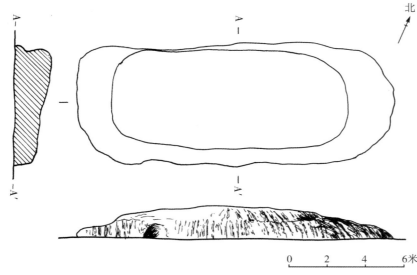

图二六　惠威村敌台平、立、剖面图

区，种植有向日葵、水稻、玉米等农作物。

该敌台直接与北长城惠威村段墙体相连，其东侧原有俗称门城遗址一处，以及一里墩、二里墩、三里墩，西侧也有五里墩、六里墩敌台等多座相关建筑（惜这些敌台今多已不存）。该敌台主体略凸出墙体北侧，其底部受周围农业开发影响，是否还有其它附属建筑如围墙、戍守兵士暂居所等现已难以辨别。

该敌台是由纯净黄沙土夯筑而成的实体建筑，平面呈不规则方台形，夯打较坚实，土色白中略泛黄。台体底部东西长 16.5、南北长 6.5 米，顶部东西长 12、南北长 5.8 米，残高 1.8 米。南壁有一处人为掏挖的半圆形洞穴，系人为取土所致，直径 1.2、进深 1 米（图二六；彩图一八三）。

现存台体残损较重，仅存底部部分夯土基础。台体底部坍塌堆积土不多，近台体处生长有茂盛的芦苇、冰草等植物。四壁较为陡直，壁面不平，由底向上略有收分。壁面夯层较为清晰，夯层厚度在 0.15～0.2 米之间，但版接缝等不清。顶部不平，北高南低，顶部有明显的东西向裂纹和水冲浅槽（彩图一八四～一八六）。

该敌台的破坏原因中自然破坏明显，但人为破坏却最为严重。自然因素有风蚀、雨蚀、地震、片状剥离和粉状脱落、草类生长等。如台体北壁等处，已被风力剥蚀得千疮百孔，底部有明显的风蚀凹槽；台体壁面及顶部有明显的雨水冲蚀的小冲沟；台体上有许多条东西贯通状裂纹，缝隙宽在 3 厘米左右，有的深可达底部，纹理不甚齐整，可能是地震震裂所致；底部周围生长有十分茂密的芦苇、冰草等植物，有的根系直接扎入台体内，此类根系发达的植物长期生长，必然会对台体产生一定的不利影响。人为破坏主要表现为取土、乱建等。据当地老百姓讲，包括此敌台在 20 世纪五六十年代尚保存完好，只是近几十年来，人类取土垫田等破坏行为猖獗，此地长城几乎被破坏殆尽（此座敌台尚能保存一点残迹，是因为其南侧约 5 米处有一处现代墓冢，无人在此取土才得以保存下来）。台体南侧的壁面上还有一处后期掏挖的凹洞，直接挖断壁面，底部无倒塌堆积，应是人取土掏挖所致。另外在台体顶部，还有一处钉入台体内的圆形水泥桩，可能是测绘部门的位置测控点，也对台体造成了一定的破坏。

2. 明水湖 1 号敌台（编码：640202352101170001，工作编号：07DMD001）

明水湖 1 号敌台位于大武口区明水湖农场以东约 2.5 千米处，西距明水湖 2 号敌台 0.52 千米。地貌上属黄河冲积平原与西部洪积倾斜平原交界带的低洼地，地表平坦，视野开阔。周围现已被辟为农田和渔场，南北两侧各有一道与墙体并行的灌溉水渠。其中台体北侧距水渠约 10 米，再北便是广袤的灌溉农田区，种植玉米、向日葵等作物；南侧距水渠约 20 米，再南则为连绵狭长的鱼塘。因受水渠等影响，交通不便，但受后期人为破坏痕迹也较为少见。周围无居民点，仅在南侧鱼塘边有少数简易房屋。

与相邻长城设施的关系上，该敌台地处北长城明水湖段墙体的北侧，台体主体凸出墙体之外，南侧与墙体相连，再南与明水湖段女墙相邻。东与门城遗址、惠威村敌台相望，西与明水湖2号、3号敌台等建筑相邻。

该敌台是在平坦的自然沙土地表上直接找平。以黄沙土夯筑而成的实体建筑，整体保存不佳，平面呈方台形，底大顶小，由底向上逐渐收分，收分度较大，底部周围不见围墙等配套设施。四周底部有大量的坍塌土堆积，堆积面亦呈斜坡状，上面长有沙茇和芦苇等野草。北、西、东三面壁面均呈斜坡状，未发现有通向台顶的登台台阶等遗迹。表面十分疏松，孔隙大，含水量较高，夯层、夯窝等痕迹难辨。顶部亦无庐舍等设施，表面凹凸不平，高度已同墙体顶部基本持平。底部东西长10.5、南北长9.3米，顶部东西长4.7、南北长4.1米，残存斜高8.4米（图二七；彩图一八七～一八九）。

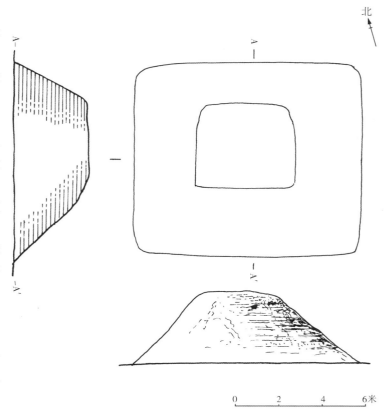

图二七　明水湖1号敌台平、立、剖面图

该敌台的残损原因以自然破坏居多，也有人为破坏的情况。自然因素主要有坍塌、雨蚀冲刷、野草生长、壁面酥化脱落及动物掏挖等。表现最明显的是坍塌，在台体的北、东、西三面均不同程度的存在坍塌，尤其以北壁坍塌较为严重的，底部坍塌土堆积较厚。因为在台体周围有水渠、鱼塘，造成周围土层中含水量较大，使得其周围如芦苇、沙蒿等野草生长得十分繁茂，有的高度可达1米左右，在台体的底部四周及倒塌土上，以及台体顶部等多处均有分布。此类根系发达的草类的存在，对台体的保存会造成一定的不利影响。另外台体表面酥化情况十分严重，呈片状皴裂，质地疏松，孔隙较大，夯层、夯窝等痕迹难辨。这可能与其所用夯土质多碱性，在长期受到日光、风力等作用下易产生皴裂，降低了其夯筑硬度有关。人为因素主要有生产开发及踩踏行为等。该敌台的南北两侧均有现代灌溉水渠，蜿蜒流淌的水流会极大地增加台体基础的含水量，对台体的稳固性造成一定的不利影响。同时，该敌台位于农田及鱼塘区内，周围来往的村民、垂钓人员较多，由于缺乏监管，很难杜绝一部分人员踩踏攀爬敌台的行为。

3. 明水湖2号敌台（编码：640202352101170002，工作编号：07DMD002）

明水湖2号敌台位于大武口区明水湖农场以东约2.1千米处，东距明水湖1号敌台0.52千米，西距明水湖3号敌台0.502千米。其地理位置、周围环境、保存特征及残损原因等方面与其东侧相邻的明水湖1号敌台基本相似。属黄河冲积平原与西部洪积倾斜平原交界带的低洼地，地表平坦，视野开阔。台体周围均已被辟为农田，南北两侧各有一道与墙体走向一致的灌溉水渠。台体北侧距水渠约10米，再北便是灌溉农田区，种植玉米、向日葵等作物；南侧距水渠约20米，再南则为连绵狭长的鱼

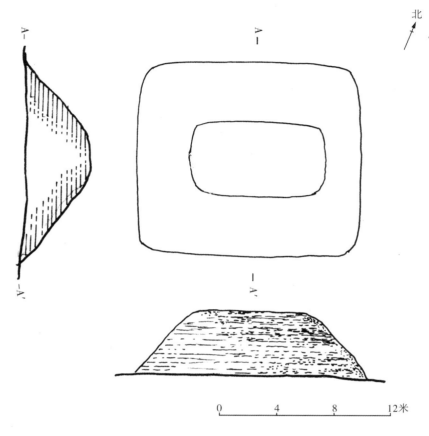

北

图二八　明水湖 2 号敌台平、立、剖面图

塘。因受水渠等影响，交通不便，周围 3 千米范围内无居民点。

该敌台是在平坦的自然沙土地表上直接找平，以较纯净的黄沙土夯筑而成的实体建筑，平面呈方台形。保存墙体较高，但残损稍重，整体保存一般。南壁紧贴明水湖农场段长城、主体凸出墙体外，其底部有大量的堆积土，堆积面呈斜坡状，上面生长有茂密的沙芨和沙蒿等野草。四壁壁面均呈斜坡状，未发现有通向台顶的登台台阶等遗迹。北壁、东壁上生长有稀疏的野草，西壁中部有一道明显的水冲沟。壁面上的夯层、夯窝，均不清晰。底部东西长 15.5、南北宽 14.2 米，顶部东西长 9.6、南北宽 5.6 米，斜高 12 米。顶部不平，高于墙体。顶部中心有一处人为掏挖的方形凹坑，东西长

0.5、南北长 0.6、深 0.3 米（图二八；彩图一九○）。

4. 明水湖 3 号敌台（编码：640202352101170003，工作编号：07DMD003）

明水湖 3 号敌台位于大武口区明水湖农场以东约 1.5 千米处，东距明水湖 2 号敌台 0.502 千米。其地理位置、所处环境、保存状况及残损原因等与前两座敌台相似。属黄河冲积平原与西部洪积倾斜平原交界带的低洼地，地表平坦，视野开阔。

该敌台也是在平坦的自然沙土地表上直接找平、以黄沙土夯筑而成的实体建筑。残损甚重，整体保存较差，形状呈不规则方台形。周围未见有围墙等设施，底部较大而顶部偏小，由底向上逐渐收分，有较厚的堆积土，呈斜坡状，表面生长有茂密的沙蒿、芦苇、针叶毛刺等植物。台体东、北、西三面壁面均呈斜坡状，未发现有通向台顶的台阶等遗迹，表面干痂皲裂程度十分严重，干痂层厚度在 3 厘米左右，表面十分疏松，孔隙大，含水量较高，夯层、夯窝等痕迹难辨。底部东西长 13.7、南北长 14.3 米；顶部较平整，东西长 9.7、南北长 9.4、斜高 7.2 米（图二九；彩图一九一、一九二）。

5. 兴民村 1 号敌台（编码：640202352101170004，工作编号：07DXD004）

兴民村 1 号敌台位于今大武口区大武口乡兴民村 12 队村落内，地处山前倾斜平原区，周围地形宽广，地势有高低落差，但落差较小。周围地表现已全部被辟为农田及村落聚居区，台体南侧便有一处现代养猪场，其砖砌院墙已直接与台体相连；西北侧现已成为农田区，地面长城墙体等已无存，不远处的低洼处有贺兰山归德沟等处汇集而来的山洪冲沟，过冲沟及沟西洼地便是今 110 国道；西侧有一道村间土路，过土路是兴民村农田区。

该敌台南侧与北长城兴民村段墙体相连,主体略向东北凸出。其东北面长城受泄洪沟及村落农业开发等影响已断裂出一个很大的缺口。台体是在原生沙土地表上找平、用较纯净的黄沙土夯筑而成的实体建筑,保存台体高大,但残损甚重,形状已呈不规则方台形,其四边周围不见围墙等相关设施。夯打坚实,底部较大而顶部略小,由底向上逐渐收分,底部均有不同程度地堆积土,表面生长有稀疏的蒿草等野生植物。台体上部高出长城墙体,四壁均有不同程度地破坏,壁面突兀、坍塌、风蚀凹槽、片状剥离和粉状脱落、雨蚀冲沟等残损均较明显。壁面夯层较清晰,厚 0.2 ~ 0.3 米,但夯窝、版接缝等痕迹不辨。顶部较平,搭建有一座铁三脚架。

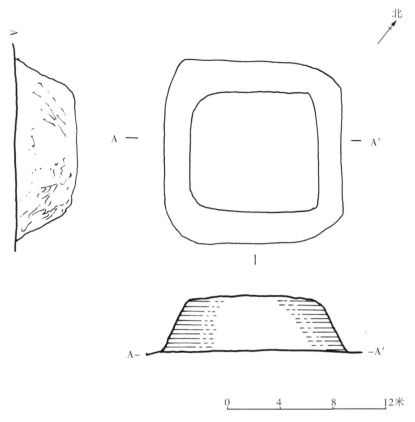

图二九 明水湖 3 号敌台平、立、剖面图

敌台底部东西长 10.5、南北长 12、残高 7.8 米。底部均有风蚀凹槽,尤其以西壁最为明显,呈带状,凹槽残高 0.4 米,进深 0.5 米。顶部较平,东西长 3.4、南北长 4 米(图三〇;彩图一九三~一九六)。

该敌台整体保存一般,残损较重。其损害原因有自然和人为破坏两种,以后者破坏最为明显。自然因素主要有风蚀、雨蚀等,如风力侵蚀所形成的凹槽在敌台四面裸露墙体的底部均有不同程度的存在,尤其以南壁最为严重,呈带状,横贯墙体底部。四壁中均有自然坍塌情况存在,尤其以东壁表现最为严重,底部有较多的坍塌土堆积,呈斜坡状,北壁则坍塌较少。四壁壁面上均有片状剥离和粉状脱落等病害存在,呈斑驳皱裂状。在西壁壁面中部,有一道小冲沟,呈倒三角形,从顶部一直延伸至底部,系顶部汇集的雨水长期流淌、冲刷所致。这些自然因素破坏对台体会造成一定的破坏。人为因素的破坏表现最为突出,因敌台地处村落间,村民在台体上取土、依墙搭建、登台踩踏等情况十分普遍。如台体的东南侧,有一处村民的院落,其院墙直接搭建在敌台上。在敌台的顶部还有一个三角形支架,中心有标号的数据(疑是测绘部门的控制点)。这些建筑也会对台体造成一定的破坏。

6. 兴民村 2 号敌台(编码:640202352101170004,工作编号:07DXD005)

兴民村 2 号敌台位于今大武口区兴民村 12 队以西约 1.8 千米、贺兰山枣儿沟南侧山体近底部的一处平台上,东北面与兴民村 5 段土墙相邻(两者相距 3 米),西北侧与半坡上的枣儿沟烽火台相望,相距 0.199 千米。地处北长城最西端,其西侧为高耸连绵的贺兰山山脉,东面坡下即为大武口区(大武口电厂)新修的沿山公路,属山前冲积扇台地,地势高亢,利于登高瞭望。

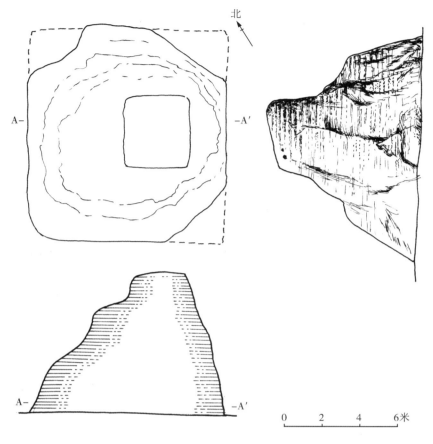

该台体夯层厚 0.15～0.25 米，夯窝不清楚。土色略泛红，表面多分布有黑色苔斑。四壁较陡，其中以南壁保存最好，西壁次之，东壁保存最差。在西壁壁面上有后期修补的痕迹，修补痕主要分布于台体外侧，修补部分主要位于台体中部（两边尚部分保留原夯体），夯土中小砾石含量更大，土色亦呈深黑色，且与原台体间有明显的接缝。上侧南北宽 1.8、下侧南北宽 2.3、东西长 10.6 米。西壁偏南侧有一条纵向凹沟，系雨水冲刷所致，沟宽 1.4、深 3.1 米，由顶直接贯穿底部。底部有一道风蚀凹槽，呈带状分布，凹槽残高 0.5，沟深深 0.4 米。东壁则坍塌较多，壁面呈斜坡状，现已成为行人登顶的通道（图三一；彩图一九七～二○一）。

图三○　兴民村 1 号敌台平、立、剖面图

　　该敌台整体保存较好，台体高大，四壁均较完整。是在小平台上直接找平，用夹杂小石粒的黄沙土夯筑而成的实体建筑，呈方台形，方向 190°（西壁）。底部东西 13.5、南北 16.1 米，顶部东西 8.2、南北 10.6 米，残高 7.1 米。顶部较平，有残存的铺舍痕迹，是在敌台顶部用两面夹板夯筑加高，从而成一处中空的方形围墙。其边缘与敌台边缘几乎成为一体，且随台体由下及上略有收分，中部较为平整。铺舍残损甚重，仅四角等处尚保留痕迹，保存稍好处残宽 0.5、残高 0.8 米。

　　该座敌台的残损原因以自然因素为主，人为因素相对较少。其中自然因素主要有风蚀、雨蚀、片状剥离和粉状脱落等，如风蚀形成的凹槽在敌台四面裸露墙体的底部均有不同程度的分布，其中西壁分布较密，呈带状分布，南壁和东壁也有分布。台体自然坍塌亦较明显，四壁均有不同程度的坍塌现象，其中东壁后期修补部分坍塌最严重，底部有较多的坍塌土堆积，呈斜坡状。壁面上普遍存在片状剥离，粉状脱落等病害，尤其是北壁最为明显，呈斑驳皲裂状。在西壁中部，有一道呈倒三角形的小冲沟，纵贯壁面，是台体顶部汇集的雨水长期冲刷所致。人为因素主要有踩踏破坏等，该座敌台因地近大武口区，人员较密集，缺乏必要的保护管理措施，很难杜绝一些来此的行人踩踏攀爬等破坏行为。调查时我们就遇到过小孩攀爬台顶玩耍的事例，对敌台的保护必然会产生一定不利影响。

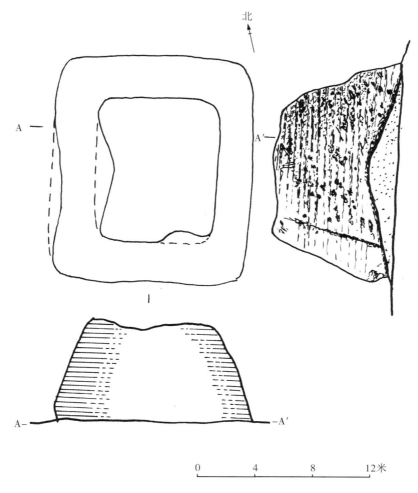

图三一　兴民村 2 号敌台平、立、剖面图

三　关　堡

关，亦称口，一般指依托于墙体，筑有城、围的屯兵地。堡又称城障、障城、镇城、障塞、城堡、寨、戍堡、边堡、军堡、屯堡、民堡等，一般指筑有城、围的屯兵、居住地，为长城防御系统的重要组成部分，与墙体不发生直接关联。北长城沿线文献记载的关、堡有多处，其中关有"平虏""镇北"两座，堡见诸文献且有调查记录的有平虏城、临山堡、镇朔堡等多座。只是经过多年破坏，这些关、堡除了门城一处遗迹尚存外，其余多已无存。以下在此次调查的门城关记录基础上，暂将以前调查中有记录、但今已无存的几处遗址作简要摘录。

门城关（编码：640221353102170001，工作编号：08PGG001）

门城，位于今平罗县高庄乡惠威村 6 组北侧的农田内，南距平罗县 7.9 千米，西距石嘴山市 14.9 千米，南距惠威 6 队 0.23 千米。其东侧紧依村级公路及唐徕渠，南面便是北长城金星—惠威村消失段墙体，并有一道十年前沿长城底基修建的灌溉水渠。位置上还与几处长城建筑相互呼应，西距惠威村敌台（俗称四里墩）1.81 千米，东距金星 3 队土墙起点（边墙头子）处 3.08 千米。周围地势平坦，视野开阔，现已全部被辟为农田，种植有玉米、向日葵等作物（彩图二〇二）。

　　该城址现已无存，仅东南角残留有一处方形台基。从当地老百姓的叙述来看，它原是以黄土夯筑而成的方形墙体，面积很大，估计 200 平方米，表面散落有较多的青砖块、碎瓷片及动物骨头等遗物。

　　门城遗址的性质，根据其位置地处平罗县城以北、北长城东侧，且与墙体相连，建筑范围约 200 平方米，且地表上散落有大量的青砖、瓷片、骨头等遗物，又据当地俗称"门城"等情况来分析，它可能就是北长城沿线的重要关隘之一"平虏关"。"为关门二，东曰'平虏'，中曰'镇北'。其上皆为堂，若干楹。其下各增城三面，为二堡，周遭里百二十余步，徙旧威镇并镇北堡军实之"[1]。

　　在遗址的地表，特别是尚未被平田整地破坏的东南角地表上，残留有大量的遗物，主要有青色条砖残块、碎瓷片、骨头等，条砖厚重，厚度在 0.1 米左右。重点采集瓷片若干，器类有碗、罐等，属生活器具。

　　08NPM001 采:1，为罐底残片，酱釉，胎地粗糙厚重，夹砂质，内夹杂少量灰色小石粒作羼合料。外底部露胎，色浅黄，器物内外壁及内底部施酱色釉，罐釉略显粗糙。器形作平底，斜壁，残高 6.5、壁厚 2、残底径 7、底厚 2 厘米（图三二；彩图二〇三）。

　　08NPM001 采:2，为碗底残片，露胎，胎地较粗，胎地内夹杂少量灰色小石粒作羼合料。色浅黄，器物底部圈足及内外壁露胎，带圈足，残高 2.8、壁厚 0.6、残底径 7.3、底厚 0.4、圈足厚 0.7 厘米。（图三三；彩图二〇四）

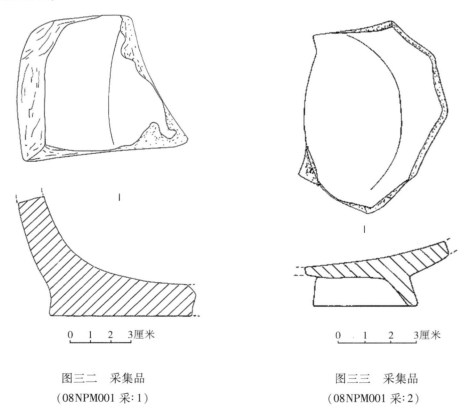

图三二　采集品　　　　　　　　　图三三　采集品
（08NPM001 采:1）　　　　　　　（08NPM001 采:2）

〔1〕《嘉靖宁夏新志》卷1《宁夏总镇》，第90页。

附：几座消失关堡摘录

1. 镇北关门

北长城沿线另一处重要关隘，《嘉靖宁夏新志》记载其位于北长城中部。1984 年第二次全国文物普查时认定其位置在"平罗（今属大武口区）明水湖农场场部东三里，西南二里许是平汝铁路支线的潮湖车站，南距平汝铁路支线不足一里"，应在今北长城明水湖段偏西部。其特征是"北、东两面为碱滩，关坐落在北长城线上，关门及关墙系黄土夯筑，全部倒塌。关门与'二堡'变成'品'字形一大二小三个土丘。在遗址上拣有残砖、瓦片、破碎瓷碗"[1]。此关门因后期建设及沙化掩埋等破坏，今已无存。

2. 临山堡

临山堡是明嘉靖十年（1531 年）修筑北长城时，在北长城西端修建的一处重要关堡。《嘉靖宁夏新志》对此有多处记载"又于墙之里，西北尽头，设临山堡，每年拨军防守"，"又查得临山堡极北之地，尽头山脚之下，东有边墙，相离平房城五十余里"[2]，"又徙内堡军之无屯种者于西偏隈，为临山堡。城视平房，镇北稍杀。"[3] 此堡建成后十年，至嘉靖十九年（1540 年）宁夏巡抚都御史杨守礼曾亲临临山堡，亲身体会到这里条件艰苦、戍守不便等情况后，他给朝廷的奏章上写到："又查临山堡极北之地，尽头山脚之下，东有边墙，相离平房城五十余里。地土沙漠，一草不生，堡中军人不上二十余名，每年拨一百名守军，具在平房城支粮。各军困苦哭告，每称不便"[4]，遂建议"其临山堡委的地土沙漠，草茅不生，人难防守，坐废钱粮，名虽为堡，其实无益，似应改筑墩台，拨军守哨，委于边备有益，人情称便。"[5]《明实录》亦对此有类似记载[6]。此建议得到明朝政府的认可，临山堡于是便被废弃，改筑墩台。

临山堡的具体位置，据 1984 年调查资料所载："在今大武口电厂的西北角，距石（石嘴山）大（大武口）公路不足 5 米。城墙完整，仅西墙南段处在高压线下，为了安全供电被架线人把墙顶铲去半米有奇。城堡为长方形，坐西朝东，东西长九十三米，南北宽六十八米；四角有敌台，台突出城堡一米五，合顶四点四米见方，台基六米左右见方。城门在城东墙的正中位置上，现宽四点七米。城门的北面城墙留有土筑登城坡道，长四米，宽二米。城墙顶宽二点七米，基宽三点三米，高二至三米不等。原有女墙，多已塌，残留女墙宽约半米，高不足半米。城墙系黄土分段夯筑，每段三点一米，夯层清晰，每层十至十八厘米。城堡内为建筑大武口电厂的区建公司汽车修理场，经过人工平整、清理，无遗物可寻了。"[7]说明此堡至少 20 世纪 80 年代尚有迹可循，只是经过这些年的建设破坏，其痕迹今已全部无存。

3. 镇朔堡

在今平罗县崇岗镇镇朔村，始建于明初，是同"高荣堡（今平罗姚伏镇高荣村）、姚福堡（今平罗姚伏镇）"等早已无存的堡寨一起同属于宁夏右屯卫的屯堡（图三四）。《嘉靖宁夏新志》载："镇朔堡，有仓场。旗军二百名，把总官一员、守堡官一员"[8]，又载"汝萁外口墩、汝萁中墩、桃柴口

〔1〕郑正：《石嘴山地区古迹·古长城》，第 38 页。
〔2〕杨守礼奏疏，《嘉靖宁夏新志》卷 1《宁夏总镇·北路平房城》，第 92 页。
〔3〕（明）齐之鸾：《朔方天堑北关门记》，《嘉靖宁夏新志》，第 90 页。
〔4〕杨守礼奏疏，《嘉靖宁夏新志》，第 92 页。
〔5〕杨守礼奏疏，《嘉靖宁夏新志》，第 93 页。
〔6〕"其临山堡土地不毛，不可防守，比改筑墩台，庶为有益。上从之。"（明）张溶等编：《大明世宗肃皇帝实录》卷 243，第 3～4 页，嘉靖十九年（1540 年）十一月癸丑，台北"中研院"历史语言研究所校印，第 4901 页。
〔7〕郑正：《石嘴山地区古迹·古长城》，第 38～39 页。
〔8〕《嘉靖宁夏新志》卷 1《宁夏总镇·右屯卫》，第 74～75 页。

墩、安定墩、大水口墩、小水口墩、暖泉儿墩、李家渠墩、姚湾墩、擒胡墩，以上一十墩，镇朔堡拨军瞭望"[1]。在贺兰山干沟内发现的明嘉靖二十七年（1548 年）题记中有"镇朔把总宋揖"等字，说明干沟内的宁靖墩当时还有镇朔堡官兵参与修建。乾隆三十四年（1769 年）至道光三年（1823 年）洪广等营裁兵之后，镇朔堡内还驻兵九十七人之多。该堡是明代北部重要的堡寨之一，现属平罗县级重点文物保护单位，县文物管理所建有简要档案。

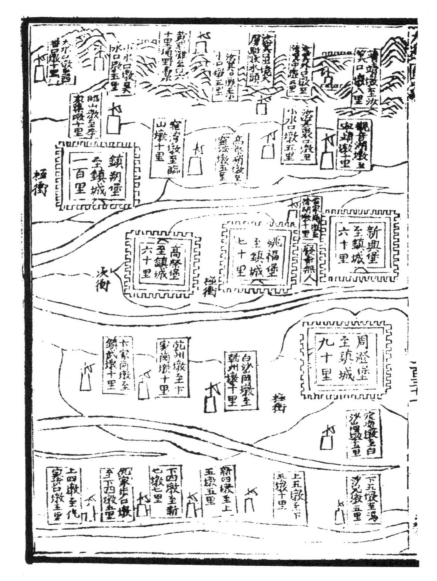

图三四　镇朔堡周围形势图（《九边图考》）

镇朔堡具体地点在崇岗镇镇朔村 6 队以西、镇朔湖南侧约 20 米处，东北 50 米处为三二支沟的一道分沟，东北距平罗县城约 25 千米。这里地貌上属湖泊洼地，周围地表平坦开阔，土壤以含碱性较大的黄土为主，局部地表还有白色盐渍等物，生长有稀疏的芦苇等植物。

据 1984 年调查中，镇朔堡"堡址呈长方形，南北宽 240 米，东西长 280 米，总面积约 67200 平方

---

〔1〕《嘉靖宁夏新志》卷 1《宁夏总镇·右屯卫》，第 69 页。

米。堡墙基宽6米，门面南开。堡内建筑均已倒毁，仅存基址和大量残砖碎瓦及陶瓷残片"，"据当地老者介绍，堡内曾有玉皇阁、娘娘庙、大佛殿、城隍庙、瘟神庙等庙宇，堡外不到200米处还有马神庙、东王庙、老爷庙及雷师庙等建筑"[1]，反映出此堡当年的繁盛。只是到后来平罗县文物管理所建立文物档案时，已是"仅存基址，呈长方形"，说明随着时间推移，其残损亦逐渐加重。此次我们现场调查时发现该堡正被某建筑单位所侵占，其新建的临时性住房已近原墙垣位置，堡址包括残存的墙垣等均已无存。

4. 平虏城

即今日平罗县城。始建于明永乐初，当时是抵御北方蒙古游骑的军马哨备。景泰六年（1455年），"奏拨前卫后千户所十百户军余居之"。弘治六年（1493年），因"居人繁庶，展筑新城，周回共三里，东西倍于南北，高三丈五尺，池深一丈，阔倍之。正德五年（1510年），总制、右都御史杨一清奏设守备，为宁夏北路"[2]。嘉靖三十年（1551年）由宁夏巡抚张镐奏请，"改平虏守备为分守参将，宁夏前卫后千户为平虏守御千户所"[3]。万历三年（1575年）"巡抚罗凤翱甃以砖石，参将祁栋董其成也。门有二，南北皆曰'平虏'"[4]（图三五）。

此城现叠压于平罗县城下，地表除了明代修建的钟楼[5]等建筑外，其余均已无存。

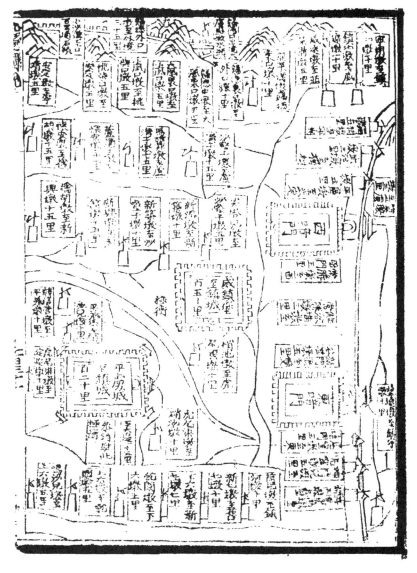

图三五　平虏城周围形势图（《九边图考》）

〔1〕宁夏文化厅、文管会编印：《文物普查资料汇编》（内部资料），1986年，第66页。
〔2〕《嘉靖宁夏新志》卷1《宁夏总镇·北路平虏城》，第87页。
〔3〕《大明世宗肃皇帝实录》卷375，第6683页。此次改制还有一说，即《嘉靖宁夏新志》所载的在嘉靖十二年至十九年（1533~1540年），由巡抚、都御史张文魁改设。今考据《明史》，当以前者为准。
〔4〕《万历朔方新志》卷1《平虏城》。
〔5〕平罗钟楼，始建于明万历二十五年（1597年），《嘉靖宁夏新志》载其"在城中"（《嘉靖宁夏新志》卷1《宁夏总镇·北路平虏城》，第88页）。清宣统三年（1911年）毁于火灾。现存建筑是民国二年（1913年）重新修建的，解放后又经多次修复，今已成平罗县一处重要旅游景点。

第四章

结　语

　　宁夏北长城调查，是宁夏明代长城调查工作的一个重要组成部分，也是由宁夏文物局和宁夏测绘局首次联合对宁夏北部地区的长城资源进行的一次较大规模的、利用先进技术的全面摸底工作。本报告就是对此次调查工作的总结。并就其涉及的一些问题略作探讨，不当之处敬请指正。

一　宁夏明代边防形势与长城修建背景

（一）宁夏明代边防形势

　　明朝建国，蒙元残余势力虽退居长城以北，但"引弓之士不下百万众也，归附之部落不下数千里也，资装铠帐尚赖而用也，驼马牛羊尚全而有也"[1]，实力仍然十分强大，并不时出兵南下侵扰，成为明代重大边患。早在明初，明太祖朱元璋在《皇明祖训》中就称"胡戎与中国边境密迩，累世战争，必选将练兵，时谨备之"，此语可谓一语中的。特别是到明代中期以后，随着明朝政府的腐败衰落和蒙古鞑靼、瓦剌部的相继兴起，双方实力对比的此消彼长，使得这种侵扰更趋频繁，给明政府造成很大的威胁。为了抵御蒙古势力，明朝"终明之世"一直十分重视北边的防务，几百年精心构筑了一条"东起鸭绿，西抵嘉峪，绵延万里，分地守御"的"九边重镇"[2]防线，分兵统守，划地防御。其北边防务最有力的措施之一就是修筑长城。

　　明长城是中国历史上修筑的最后一道长城，也是修筑规模最大、长度最长、历时最久、结构最坚固、体系最完备的长城。明朝统治者不惜花费巨资，前后用了两百多年的时间，动用了大量人力物力，历经多次重修、改线、增筑等，修筑了这道东起鸭绿江，西达嘉峪关，横跨中国东西，绵延万余里，沿线经过今辽宁、河北、天津、北京、内蒙古、山西、陕西、宁夏、甘肃、青海 10 个省（自治区、直辖市）的浩大工程。这是明朝政府针对边防形势所采取的一项有力措施，"镇戍莫急于边墙。盖胡人以畜牧为生，骑射为业，侵暴边境，出没无常。大举深入，动辄数万。历代以来，屯兵戍守，寡则艰

---

　　〔1〕（清）谷应泰撰：《明史纪事本末》第 1 册卷 10，《故元遗兵》，中华书局，1977 年，第 2156 页。

　　〔2〕"元人北归，屡谋兴复。永乐迁都北平，三面近塞。正统以后，敌患日多。故终明之世，边防甚重。东起鸭绿，西抵嘉峪，绵延万里，分地守御。初设辽东、宣府、大同、延绥四镇，继设宁夏、甘肃、蓟州三镇，而太原总兵治偏头，三边制府驻固原，亦称二镇，是为九边"。《明史》卷 91《兵志三·边防》，第 2235 页。

于应敌，多则困于转输。是故虏众易合而势常强，我兵难聚而势常弱"[1]，其实质则是在经过多次战争之后，明朝政府认识到兵势不足以彻底消灭蒙元势力，加之到明朝中期以后，随着国内各种矛盾激化，朝廷无暇北顾，而采取的消极性防御措施。

宁夏自古便有"关中之屏障，河陇之襟喉"[2]之称。明朝政府在放弃了内蒙古河套平原，退守宁夏后，失去了地利上的战略屏障，便使得这里的军事地位愈发重要，"今三边既为中国所有，而宁夏居中，适当喉襟之地"[3]。位居明代"九边重镇"防线的中西部，在这道北部边防中独具其二（宁夏、固原），边防压力十分重大。究其原因大致有二：其一是宁夏独特的地理位置。宁夏"背名山而面洪流，左河津而右重塞"[4]（图三六），"镇城所据，贺兰山环其西北，黄河在东南，险固可守"[5]，其北连内蒙古乌海市，三面俱与蒙元势力接壤，是蒙古游骑南侵的重要通道之一；其二便是宁夏以北是蒙古最强的部落之一——鞑靼部。史载"鞑靼地东至兀良哈，西至瓦剌。当洪、永、宣世，国家全盛，颇受戎索，然叛服亦靡常。正统后，边备废弛，声灵不振，诸部长多以雄杰之姿，恃其强暴，迭出与中夏抗，边境之祸，遂与明终始云"[6]。战争烽火连年不断，"成化以前，虏患多在河西，自虏据套以来，河东三百里间更为敌衔"。特别是到明中期的嘉靖年间，宁夏成为鞑靼侵扰的主要地区之一，多年边防战乱使得宁夏边防形势异常严峻，对宁夏全境的生产生活影响极其深远。

为抵御鞑靼侵袭，明朝政府除了在今宁夏设立军政合一、屯防兼备的特殊行政区域——宁夏镇[7]来管辖全境，并四幕召集、调拨军户来此驻扎防守外，一个重要防护措施就是不断地重修、加固长城。史载"北虏住牧套内，非昔往来不时者可比也，其保障惟以边墙为主"[8]。

明代时期在宁夏修筑的长城，分布在宁夏东部、西部、北部和中部。其最早修筑年代目前有明确记载的是在成化十年（1474年）[9]，其后不断续筑和修补，尤其以明嘉靖年间（1522～1566年）为剧。先后续修增筑了东边墙（今盐池至银川，向北还包括陶乐长堤等）、西边墙（今惠农向南一直至中卫，基本沿贺兰山沿线）、北边墙（今石嘴山市）和固原内边（今固原、彭阳、同心等县）四条骨干长城，穿越了今盐池县、灵武市、银川市兴庆区、中卫市、中宁县、青铜峡市、永宁县、银川市西夏区、贺兰县、平罗县、大武口区、惠农区、同心县、红寺堡开发区、海原县15个县（市、区）行政单位，绵延上千公里，沿线穿越沙漠、丘陵、贺兰山和黄土高原的沟壑梁峁地形，是长城遗迹分布较多的省份之一。其中的北长城和旧北长城便是这四道主干长城之一。

〔1〕（明）魏焕：《皇明九边考》（影印本）卷1《镇戍通考》。
〔2〕（清）顾祖禹：《读史方舆纪要》卷62，（台北）洪氏出版社，1981年。
〔3〕（明）魏焕：《皇明九边考》（影印本）卷8《宁夏镇·疆域考》。
〔4〕（明）张雨等编：《边政考》（影印本）卷3《宁夏卫》，第114页。
〔5〕（明）许论：《九边图论·宁夏》，《修攘通考》本，（台湾）学生书局印行，第459～460页。
〔6〕（清）张廷玉：《明史》卷327《外国八》，列传第215，《鞑靼传》，第8494页。
〔7〕明代宁夏不设府、州、县等管辖机构，直接以宁夏镇统辖卫、堡、寨戍防，并先后设立了宁夏卫、宁夏左、中、右三屯卫和宁夏后卫等机构，属边关屯卫性质。
〔8〕（明）魏焕：《皇明九边考》（影印本）卷8《宁夏镇·保障考》。
〔9〕"成化十年（1474年），巡抚都御史徐廷章、镇守都督范瑾，奏筑河东边墙，自黄沙嘴起至花马池止，三百八十七里。"（明）王琼：《北虏事迹》（影印本），《金声玉振集》11册，北京中国书店，1955年，第17页。《嘉靖宁夏新志》所载与此相同。

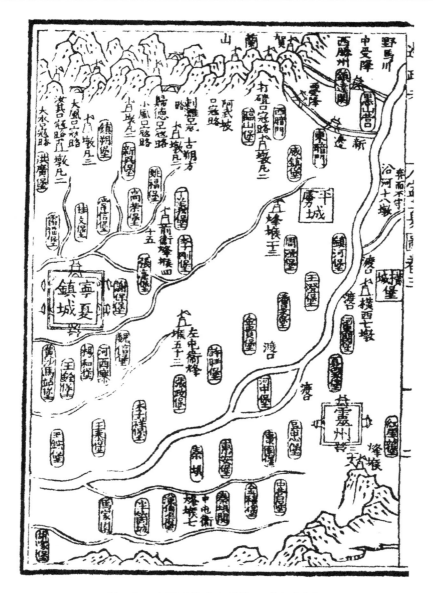

图三六　宁夏以北边防形势（《边政考》）

（二）宁夏北部边防形势及长城修建背景

宁夏北部地区的石嘴山市，是宁夏明代边防的最北端，是当时宁夏四路防御中心之一[1]。这里因距离宁夏镇（今宁夏银川市）偏远，戍守管理不便，又"东当河套，西拒贺兰，北御沙漠，三面受敌"[2]，"黄河绕其东，贺兰耸其西。西北以山为固，东南以河为险"[3]，可以贺兰山、黄河为屏障，

---

　　〔1〕　宁夏四路防御中心分别为平虏、宁夏、中卫和花马池，"以平虏为一路，而其险在临山、新兴、灵武等处；以宁夏卫一路，而其险在赤水、宁化、玉泉、马炮泉等处；一中卫为一路，而其险在东园堡、桑远堡、旧安塞等处；以花马池为一路，而其险在定边营、杨柳堡、清水、兴武、铁柱泉、灵州等处"。谭福瑜：《明代九边考》（内部资料），第71页。
　　〔2〕　嘉靖十九年（1540年）巡抚都御史杨守礼奏疏文，《嘉靖宁夏新志》卷1《宁夏总镇》，第92页。
　　〔3〕　《嘉靖宁夏新志》卷1《宁夏总镇·形胜》，第10页。

但山河之间地带则开阔平坦，便于大规模骑兵往来驰骋，是蒙古游骑南侵时首当其冲的边防要塞，战略意义非凡[1]。多年以来一直是明政府与蒙古游骑作战的战场之一。据不完全统计，明代这一带发生的战争大大小小不下十余次。

1. 天顺二年（1458 年）十二月，鞑靼进犯贺兰山归德沟之暖泉（今平罗县崇岗镇暖泉村），为宁夏驻军所击退[2]。

2. 天顺五年（1461 年）一月，鞑靼孛来攻掠平虏城，指挥许颛被杀[3]。

3. 嘉靖七年（1528 年）十一月，鞑靼六七千骑自镇远关踏冰过河，循贺兰山往南攻掠，宁夏总兵官杭雄等领兵 3000 余人御之于镇羌堡，失利，死 90 余人[4]。

4. 嘉靖八年（1529 年）五月，居于甘肃的鞑靼阿尔秃斯部 2 万余人及万余只驼马牛羊路经宁夏迁往河套，总兵官赵瑛领兵至镇羌堡拒阻，不胜。阿尔秃斯部沿贺兰山北行，从镇远关东渡黄河[5]。

5. 嘉靖十一年（1532 年），鞑靼吉囊部驻屯套中，分别派兵攻掠镇远关、乾沟和花马池、固原等地，王效分遣守军击却之。吉囊部众以牛皮为浑脱，渡黄河逃入贺兰山后[6]。

6. 嘉靖十二年（1533 年），蒙古鞑靼部数犯镇远关。总兵官王效、延绥副总兵梁震及游击将军郑时、彭咸会兵追之，踰柳门至蜂窝山，斩首 120 余级，兵威丕振[7]。

7. 嘉靖十三年（1534 年），蒙古鞑靼部据沙湖驻牧，震惊灵夏。总兵官王效、副总兵苗銮、游击将军蒋存礼会兵击之，斩首 100 余级，遂息其患[8]。

8. 嘉靖十五年（1536 年），鞑靼吉囊十万众屯聚贺兰山后。四月，分道攻掠宁夏、花马池、平虏城、固原等地。当吉囊部北还时，总兵官王效、副总兵任杰等击之于铁柱泉等地，吉囊远遁[9]。

9. 嘉靖十八年（1539 年），鞑靼屯居打硙口，数派兵攻掠平虏城，妨碍耕牧，延绥总兵官任杰领兵击之，斩首 40 余级，大获牛马夷器以归，平虏之境遂宁[10]。

10. 嘉靖二十年（1541 年）春，吉囊部攻掠宁夏镇朔堡，为总兵李义所击败。

11. 嘉靖三十三年（1554 年）九月，鞑靼俺答部攻红井、平虏城，被杀 300 余人[11]。

12. 万历二十三年（1595 年）一月，鞑靼著力兔部攻掠平虏城、横城、靖康堡等地，为守军所击退[12]。

13. 万历二十四年（1596 年）九月，鞑靼著力兔、宰僧等攻平虏城和横城，宁夏总兵李如柏、副

〔1〕 "苟失平虏，则无宁夏，无宁夏则无平、固，无平、固则关中骚动，渐及于内地，患不可量也"。《嘉靖宁夏新志》卷 1《宁夏总镇·关隘》，第 15 页。

〔2〕 （明）谈迁著，张宗祥校点：《国榷》卷 32，载其时间在英宗天顺二年（1458 年）"十二月癸亥"，中华书局，1958 年，第 2079 页。

〔3〕 （清）张廷玉：《明史》卷 327，外国八·鞑靼传，第 8471 页。

〔4〕 （明）魏焕：《皇明九边考》卷第 8《宁夏镇·边夷考》，第 11 ~ 12 页。

〔5〕 《国榷》载此事件在嘉靖九年（1530 年）五月乙卯"阿尔秃斯众二万道宁夏，御之，失利"，卷 54，第 3422 页。而《明史》等记载此事在嘉靖八年（1529 年），当以此说为准。

〔6〕 （清）张廷玉：《明史》卷 202，列传 90，"唐龙"条下。

〔7〕 柳门，贺兰山北端山口。《嘉靖宁夏新志》卷 2《宁夏总镇（续）·俘捷》，第 177 页。

〔8〕 沙湖，即北长城起点处，在今平罗县高庄乡金星 3 队。《嘉靖宁夏新志》卷 2《宁夏总镇（续）·俘捷》，第 178 页。

〔9〕 花马池，即今盐池县城，宁夏后卫驻地。

〔10〕 打硙口，即今大武口沟，在今大武口区西北约 10 千米处。《嘉靖宁夏新志》卷 2《宁夏总镇（续）·俘捷》，第 179 页。

〔11〕 "嘉靖三十三年九月庚子，套虏屡警患边，总兵姜应雄委千户孟鸾以千人至红井，值之，斩一百四十余级"，"己未，虏寇平虏城，官兵击走之，斩百七十级"。《国榷》卷 61，第 3838 ~ 3839 页。

〔12〕 （清）张廷玉：《明史》卷 247，列传 135，"马孔英"，第 6412 页。

总兵马孔英等领兵拒击之，杀 270 余人[1]。

14. 万历二十五年（1597 年）四月，鞑靼著力兔、宰僧等连续攻掠平虏城、兴武营等地，宁夏总兵官杜桐督诸将马孔英、邓凤、萧如蕙等连破之，斩首 200 余级[2]。

15. 万历二十七年（1599 年）二月，鞑靼火落赤、著力兔诸部出兵攻平虏城、兴武营等地，李汶令宁夏、延绥兵分道拒击，俘杀其众 2000 余人[3]。

16. 万历二十九年（1601 年）八月，火落赤部攻宁夏平虏城、兴武营等地，守军击杀 200 余人[4]。

17. 天启七年（1627 年）九月，屯居河套的蒙古出兵攻镇朔堡、洪广营等地，为守军所击退[5]。

从这些战争案例来看，明代与蒙古部落作战表现出一定的特点。两方战争基本贯穿明朝一代，但早期战事不多；战争最频繁的时间集中在明中期嘉靖年间，以后随着明朝廷与鞑靼议和停战，双方经历了一个长达 20 年的和平期。宁夏的清水营、中卫和平虏城三地还作为明朝政府与鞑靼进行贸易的场所[6]。到万历年间战争又起，只是这些战争多属小规模的、局域性的战争，一直延续到明代灭亡前。这种格局影响着明代边防戍守策略和战略形势。

明代初年，随着蒙元势力北退、明政府军事势力的强盛，宁夏北部边防压力尚属平稳阶段。明政府只是在永乐初年（1405 年前后）新筑平虏城，作为戍守宁夏北部地区的军事中心，并先后改扩增筑镇远关、黑山营等关堡，以及旧北长城等边防设施。只是由于战局平稳等多方面的原因，这些防御设施还曾一度坍塌颓废不堪使用。到了明代中期，随着鞑靼势力的兴起及明政府军事势力的消弱，宁北地区的边防压力骤增，多年战乱使得这一带防御设施在戍守不利的情况下，虽然几经反复和修筑，最终还是逐渐废弃了旧北长城及镇远关、黑山营等防线。北部防线南移，明政府在平虏城以北约 10 千米处新筑北长城等防御设施，作为宁夏北部新的防御屏障。这样就使得北长城以北地区落入蒙古部落势力范围，所以才出现了蒙古部落多次攻掠平虏城、经原北部防御重点地区镇远关东进或西退、在沙湖（北长城起点附近）驻牧等情况。

宁夏北长城的两道长城（旧北长城和北长城）以及其他设施就是在这种背景下修建、增筑、使用或废弃的。

二　宁夏北长城防御体系及其结构特征

明代长城称作边墙，是由墙体、关、堡、敌台、烽火台、壕堑和驿传等组成的综合性、设备完备的军事防御体系，具有防御点面结合、警传迅速、灵活机动、纵深防御等特点。宁夏北长城便是这个防御体系中的一个缩影。

（一）宁夏北长城墙体类型特征及其形成原因

在明长城整个防御体系当中，墙体是工程的主体，类型有砖墙、石墙、夯土墙、山险墙、山险等。

〔1〕 （清）张廷玉：《明史》卷 247，列传 135，"马孔英"，第 6412 页。

〔2〕 （清）张廷玉：《明史》卷 239，列传 127，"杜桐"。

〔3〕 兴武营，在今盐池县高沙窝乡兴武营，宁夏兴武营守御千户所驻地。《国榷》卷 78，第 4828 页。

〔4〕 《国榷》卷 79，第 4881 页。

〔5〕 镇朔堡，在今平罗县崇岗镇镇朔村；洪广营，在今贺兰县洪广镇。《国榷》载此事件在九月丙寅，"西虏犯宁夏镇朔堡、洪广营，总兵吴尽忠拒却之"。《国榷》卷 88，第 5387 页。

〔6〕 "明神宗万历十三年（1585 年），以宁夏清水营、中卫、平虏城三地为与鞑靼互市交易之处"。《国榷》卷 73。

明长城修筑中遵循"因地形，用险制塞"的原则，在选址、规划设计方面，因地制宜，在材料来源等方面就地取材、因料使用。这是建筑工匠们在长期工作实践中总结出来的，符合当时地理学、数学、力学、工程造价、建筑材料等多门学科要求的宝贵经验。正如著名长城专家罗哲文总结的，"利用自然、顺应自然、缔造自然"，是世界建筑史上的奇迹。

宁夏北长城也是这样，两道长城地理位置上均属西连贺兰山、东接黄河，以防御北面蒙古游骑为主的东西向防御干线。虽然其墙体类型以夯土墙为主，但因其所在位置、周围环境等不同，其特征亦有差别。下面我们以调查资料为准，将这两道长城的特点分别进行归纳探讨。

1. 旧北长城

旧北长城是宁夏明代建造较早的一段长城，始筑年代不详。早期的文献如《弘治宁夏新志》等不见记载[1]。成书于嘉靖年间的《皇明九边考》则载："宁夏北，贺兰山黄河之间，外有旧边墙一道。嘉靖十年，总制王琼于内复筑边墙一道，官军遂弃外边不守，以致内地田地荒芜。"[2]《嘉靖宁夏新志》亦云："临山堡极北之地尽头，山脚之下，东有边墙，相离平虏城五十里。"[3]据此推测此道长城可能修筑于明弘治以前，与此处分布的镇远关、黑山营及沿线烽火台等共同构成明代早期宁夏北部地区最北的防线。因为这一段时间正处于边防相对平稳期，虽然"往年未尝通一虏骑"[4]之说未免有夸大之嫌，但边境形势多年平稳，战乱甚少却是客观事实。再加上"数十年来，边军贫困，镇、巡姑息，皆以修边为讳，遂致墩台废弃，耳目闭塞，屯堡不能自立"[5]，还有兵源缺乏[6]等原因，致使此地的关堡、城墙等设施渐趋坍塌残败。"先年守筑三关，设立墩台防哨，东西联属，远迩观望，烽火严明，贼亦难入。至弘治以前多因极边地方，供饷不便，军多逃散，兵力寡弱，遂行废弃"[7]，虽然中间有议者建议修复北边关营和边墙，但多无实际举措[8]。到嘉靖年间，随着明朝廷与蒙古鞑靼部落战事的加剧，宁北地区防线重心战略性南移。随着南侧翼蔽宁夏北部军事重镇平虏城的北长城的修建，这道长城与镇远关、黑山营等一道被彻底废弃。

旧北长城今仅存红果子段，是从红果子镇小墩湾以西开始，向西一直到贺兰山扁沟处的半山腰陡崖处。其墙体因红果子镇小墩湾以东全部无存，特征等不详，今暂不讨论。我们以残存的红果子段长城为例来说明。这段长城从类型上看有土墙、石墙和山险三种。各种墙体类型的位置、长度、墙体特征及其所占百分比等如下表（表五）。需要说明的是，该段长城中一些残断缺失处的墙体，暂时根据其两侧墙体类型将其归于同类。

〔1〕《弘治宁夏新志》中仅载有"河东墙""西南墙"两道长城，但不见旧北长城资料。（明）王珣撰：《弘治宁夏新志》（影印本）卷1，"边防"条，第38页。

〔2〕（明）魏焕：《皇明九边考》（影印本）卷8《宁夏镇·保障考》，第321页。

〔3〕嘉靖十九年（1540年）巡抚都御史杨守礼奏疏文，《嘉靖宁夏新志》卷1《宁夏总镇》，第92页。

〔4〕（明）张溶等编：《大明世宗肃皇帝实录》卷117，第7～8页，台北"中研院"历史语言研究所校印，第2777页。

〔5〕同上。

〔6〕"平虏城虽设有守备官一员，马步官军五百余名，除守城守墩、差占以外，不上三百五十名，山后、河东之贼不时出没，实难战守"。（明）杨守礼：《复边镇固地方》奏疏，《嘉靖宁夏新志》，第92页。

〔7〕嘉靖十九年巡抚都御史杨守礼奏疏文，《嘉靖宁夏新志》卷1《宁夏总镇》，第92页。

〔8〕"求久安之计，先须修打硙口，为复镇远之渐；次修镇远关，为复黑山营之渐……议者皆以为然，奈无实意以行之者。巡抚都御史杨守礼、总兵官任杰躬亲阅视，悉谙弊端，志在修复，奈资费人力弗济其力"。《嘉靖宁夏新志》卷1《宁夏总镇·关隘》，第15～16页。

表五　红果子长城统计表　　　　　　　　　　　　　单位：米

	类　别	位　置	长　度	方向特征	合　计	百分比	备　注
1	夯土墙	山前冲积平原上	1019.5	较直	3637	62.22%	于原生地表上取平、以夹杂小砾石的黄沙土分段夯筑
		山前低矮台地上	852	较直			
		山前冲积扇台地上	1249	较直，140°			
		扁沟两侧山坡上	516.5	十分曲折			
2	石墙	山脚下缓坡上	487	中部略曲折	1576.5	26.95%	山梁上的石墙与山险相间使用
		贺兰山半坡山梁上	1089.5	十分曲折			
3	山险	贺兰山半坡山梁上	633.2	十分曲折	633.2	10.83%	与石墙相间使用

　　从这个统计表格不难看出，旧北长城墙体基本以夯土墙体为主，石墙居其次，山险只占少量。

　　夯土墙是本段长城的主体。其位置除了一部分分布于山坡上外，绝大部分位于山前平原或低矮台地上。这里地势较平，周围土壤充足，便于就地取材。从方向特征来看，这段夯土墙的东端因位于地势相对低平的山前冲积平原和低矮台地上，其墙体线路较为笔直；而在靠近山脚下的山前台地上，受该处曲折遍布的山洪浅层冲沟影响，墙体夯筑不再笔直，而是随此处低矮的山梁辗转延伸，这种布局虽然不甚美观，也加大了夯筑的长度，但其一方面能更好地避开山洪冲刷的影响，具有很强的稳固性。另一方面则具有很强的实战作用，"边墙之制，正自不易观其曲直盘旋，故作一凸一凹设。强敌近逼凹中则三面环攻矣"[1]。这种贴合实际的选址特点，正是明代建筑工匠的经验总结。

　　此段夯土墙使用的黄沙土原料中，均夹杂有较多的小砾石，甚至在黄土含量较少而大块砾石遍布的近山前也是如此，说明其选料时并非将周围土壤简单取来、直接使用，而是经过了粗选，将土壤中所含的较大块的石块等杂质滤去，只留下较小的石块。这样既能减少选料总量，又能起到增强夯土坚固性的作用。

　　此段墙体特征基本同一，尚未发现明显的后期修补痕迹。从夯筑特点上来看，该段墙体与西长城部分段落先夯中心主墙，然后在主墙两侧再夯打附墙进行加厚的特点不同，而是用夹板两面夹击、一次性夯筑而成，属"单墙"，整体稍显单薄而草率。这可能与其修建于明代早期、边境形势相对较平稳，很少有凭此关防戍守的经历，加之使用时间相对不长便被废弃等情况有关。从保存较好处来看，其断面呈梯形，底宽3.9、顶宽1.9、高4.1米。顶部从目前残存的段落来看，不见有垛墙、女墙、垛口等设施，结合其顶部仅2米左右、宽度不足等情况来分析，当时可能没有修建这些设施。另外，墙体沿线的敌台除了半山坡处残留2座外，其他地段尚未发现。而墙体中部宽阔的山洪断口处是否存在过水涵洞等设施，因残缺甚大等原因，目前尚难以辨清。

　　本段石墙保存相对较少。其位置一部分位于山脚下的缓坡上，大部分位于扁沟东岸较高处的山梁上。这里地势较高，周围地表土层较为稀薄，但距离山体较近，依山取石十分方便。其砌筑特点是直接在砾石地表上，以较大石块两侧垒砌，中间以小石块及黄沙土等混杂堆积填塞而成。石块与石块间不加任何黏结剂，只是在局部缝隙较大处以小石块填塞。垒砌时由底部向上逐渐向内收分，且其收分幅度较大（可达5厘米左右），以逐层收分的方式达到稳定的作用。所选石料多为方形，但石块大小不一，应非精选。石质坚硬，色不纯，基本以青灰色为主，还有赭红、浅白等，其特征与周围山体石料基本相似。由于稳定性差，石墙坍塌情况十分普遍，多数已成石堆状。其砌筑方向也是随地势走向而

　　　────────────

〔1〕（清）杨芶坡：《河套图考·边墙说》，陕西通志馆，民国23年（1934年），第29页。

转折。

山险所占比例最少。其位置主要位于贺兰山半山坡的山梁上，是恰当地利用这里地势偏高，尤其是其防守正面的东北侧山路陡峭、难以攀缘等特点，不再砌石加高，直接利用山体为险。但利用山体亦不是一成不变的，在山体较平缓或两山脊相交的马鞍形山凹等处，则再以石块垒砌成石墙。其方向亦是随山体而辗转曲折。这样就在陡峭的山梁上，山险与石墙相得益彰，布局合理，共同构成了一道防御屏障。

2. 北长城

北长城是在明代嘉靖十年（1531年）随着鞑靼侵扰局势加重，明政府逐渐废弃北面防御干线——镇远关、黑山营和旧北长城等背景下新修的另一道长城，"东自黄河，西抵贺兰，筑墙以遮平虏城者"[1]。当年此道长城选址还曾做过修改，"初奏起自贺兰王玘口，北去平虏城四十余里。命既下，工浩费繁，役不能举，改就今筑之地。为城、为堑，视其地势所宜"[2]。当时考虑到工作量大、费用繁重、建筑用工不易等不利因素而改筑线路，也是长城建筑史上的一个典型案例。

北长城绝大部分位于较为平整的平原区和湖泊洼地，全部为夯土墙，夯筑方向均很直。是在原生地表上直接夯筑，底部不见加固夯实地基等措施。由于所在位置的不同，这段夯土墙的用料略有差别。下面我们同样用表格将这几类夯土土质进行对比。北长城几处残缺段暂根据其周边墙体特征将其归于同类（表六）。

表六 北长城夯土类别统计表 单位：米

	类别	位置	土质特征	长度	百分比	备注
1	灌淤土	黄河冲积平原区，今属农田村落内	土质较纯净，色沙白，含水量相对较多	5881	30.44%	
2	沙土	半荒漠浮沙带，现多未开发	土质较纯净，色沙黄，含沙量大，较为干燥	2686	13.90%	
3	盐渍沙土	洼地及盐碱滩，今湖泊与农田间	土质黏细纯净，色黄中略泛红，局部尚有白色盐渍	5774	29.89%	含女墙
4	加小砾石黄土	山前洪积倾斜平原区，今多已成农田和村落	土质不纯，内夹杂少量小砾石，石块多为青灰色鹅卵石，似经粗略筛选	4977.5	25.77%	

从这张表格不难看出，北长城所用料土还是与其所处位置有很大关系的。在黄河冲积平原区内选取纯净灌淤土，浮沙带则用沙土，盐碱滩带用盐渍沙土，在山前洪积平原区则用夹杂小石粒的黄土，说明其夯筑时仍然采用"就地取材、因材使用"的原则来选料的，各类土质比重基本相似。

北长城的建筑和使用正处在明代中后期明政府与蒙古鞑靼部落多年作战的多事之秋，所以其建筑更趋精细完备，符合战事需要。史料记载，"皆内筑墙，高厚各二丈，外浚堑，深广各一丈五尺有奇。墙有堞可蔽，有孔可以下视以击射"[3]。第二次全国文物普查时也载："距大武口村九百三十多米向东一段（长一百零四点五米），保存较为完好，墙高约十米，底基宽十二米，顶宽三点五米，有女墙和

[1]（明）齐之鸾：《朔方天堑北关门记》，《嘉靖宁夏新志》卷1《宁夏总镇》，第89页。
[2]《嘉靖宁夏新志》卷1《宁夏总镇·北路平虏城》，第89页。
[3]（明）齐之鸾：《朔方天堑北关门记》，《嘉靖宁夏新志》卷1《宁夏总镇》，第90页。

垛口，女墙高一点五米，底宽零点三五米"[1]。在我们现场调查时，据当地年长者回忆，在 20 世纪五六十年代，这一带长城还很高大、完整，顶部垛墙、女墙仍然存在。说明当时此道长城夯筑得高大结实，包括女墙、垛墙和垛口等设施较为完备，只是到今天多已无存。一些保存较好的地段，如大武口乡兴民村部分地段，残存墙体高大厚重，但包括墙体夯筑特点和顶部女墙、垛墙等设施均难以辨清。

文献记载的北长城墙外的壕堑，在第二次全国文物普查时也未见记录，1988 年出版的《贺兰山文物古迹考察与研究》一书中曾记载，在明水湖以东至包兰铁路一段（即今大武口区明水湖段）"墙的外侧挑有壕堑，尚可看到 10 余米宽的残迹"[2]。说明此道壕堑当时确实存在过，只是到后来被开挖填埋，此次调查时亦未发现痕迹。

（二）宁夏北长城沿线敌台特征及其形成原因

敌台，又称敌楼、墩台，是与长城相连、且凸出于城墙之上的高台建筑。其作用在闲事时供巡守士兵休息、战时便于攻击长城底部死角，有空心、实心两种。敌台可能是明代名将戚继光针对依照长城墙体御敌的不便之处而奏筑设立的。《明史》载："自嘉靖以来，边墙虽修，墩台未建。继光巡行塞上，议建敌台。略言：'蓟镇边垣，延袤二千里，一瑕则百坚皆瑕。比来岁修岁圮，徒劳无益。请跨墙为台，睥睨四达'"[3]。戚继光在《练兵实纪杂集》中对修建敌台的记载更趋详细，修筑敌台的背景是"先年边城低薄倾圮，间有砖石小台，与墙各峙，势不相救。军士暴立暑雨霜雪之下，无所籍庇。军火器具如临时起发则运送不前，如收贮墙上则无可藏处。敌势众大，乘高四射，守卒难立。一堵攻溃，相望奔走，大势突入，莫之能御"。在建造敌台的位置和数量上则认为，"凡冲处，数十步或一百步一台，缓处或百四五十步、或二百余步不等者为一台。两台相应，骑墙而立"。其建造方法，"下筑基与边墙平，外出一丈四五尺有余，内出五尺有余。中层空豁，四面箭窗，上层建楼橹，环以垛口，内卫战卒，下发火炮，外击敌人。敌矢不能及，敌骑不敢近。每台百总一名，专管调度攻打。台头副二名，专管台内军器辎重。两旁主客军士三五十名不等……五台一把总，十台一千总，节节而制之"[4]。这是对敌台形制功能等诸多方面的高度概括。

宁夏北长城和旧北长城沿线由于残损等多方面的原因，发现的敌台数量较少，此次调查发现共计 8 座。其中土筑 7 座，石砌 1 座，未见砖砌类敌台。这几座敌台的特征是均为实体建筑，不见空心建筑。由于发现数量较少，很难对其做概括性、全面的总结。但这些敌台位置不同，类型各异，也能从侧面反映出宁夏北长城沿线的敌台筑造特点。

旧北长城因目前仅存红果子段墙体一部分，沿线除了贺兰山半山腰尚存 2 座敌台外，其余地方，包括红果子段长城以东均未发现敌台。由于残存地段较短，加之资料匮乏等原因，此段长城是否还筑有其他敌台目前尚不清楚。

残存的这两座敌台均位于贺兰山扁沟东岸半山腰的山梁上。两座均与墙体相连，两者之间直线距离为 0.781 千米。从敌台的选址来看，这里西依巍峨的贺兰山体，东望宽广的山前平原，地势高亢，视野开阔，重点戍守的北面十余公里范围内的情况尽收眼底，瞭望效果极佳。

这两座敌台，东北侧的一座位于山体向东延伸出的山梁陡坡边，以石块垒砌而成。此敌台因

---

〔1〕 郑正：《石嘴山地区古迹·古长城》，《石嘴山文物志》（征求意见稿），1985 年，第 27 页。

〔2〕 牛达生、许成：《贺兰山文物古迹考察与研究》，宁夏人民出版社，1988 年，第 75 页。

〔3〕 《明史》列传 100。

〔4〕 （明）戚继光：《练兵实纪》卷 6 《车步骑营阵解一·敌台解》，中华书局，2001 年，第 325～327 页。

坍塌甚重，整体呈斜坡状，塌落的石块散乱堆积在四面山坡上。仅东壁底部有部分砌石保存尚好，基本保留了台体的砌筑特点。跟石墙的砌筑方式基本类似，也是先在狭窄的山梁处以较大块石沿坡面垒砌成一个相对较宽的平台，然后在平台上以较大块石砌边，中间以小石块夹杂少量黄沙土混杂填实而成。石块间不施胶结材料，仅以由底向上逐层收分的方式垒砌来达到稳固作用。石块缝隙较大处以小石块填塞。其选用的石材均属方块形，大小不一，似非精细挑选。石色多为青灰色，质地细腻，硬度极高，其特征与周围山体石料相似，应属就地取材。上部因坍塌不存，形制不清。

西南侧的另一座敌台属黄土夯筑而成，位于扁沟东岸的山梁上，北、南、西三面与长城墙体相连。此敌台保存较好，台体高大，整体呈方形覆斗状。它是在不甚平整的山梁上直接找平夯筑而成的。其所用的夯土原料属夹杂有少量小砾石的黄沙土，土质土色等与其周围夯土墙所用土料相似。值得注意的是，该敌台周围山梁上土层十分稀薄，很难满足夯筑台体大量用土的需要，其用料应该不是简单的就地取材、揭取山体表层土来使用，而可能是从不远处运来、并略加筛选以滤去较大块石才加以使用的。其夯筑特点从痕迹明显的南壁等处来看，是采用每面4版并列夯打、共同加高的方式，其中中间两版较长，大致在4米左右，两侧两版则相对较短，长度在2.8米左右。

该敌台四壁较为陡直，由底向上有收分，且幅度略大。这样的夯筑方式可以使台体更趋稳固。壁面上未见脚窝、台阶、踏道等登高设施，说明当初建造时并未留有专用登台踏道，可能用梯子，必要时放下梯子登顶，如果遇到敌人可以直接将梯子收起，保敌台暂时平安。

北长城沿线的敌台，据史料记载，"为敌台四，皆置庐舍三间"[1]。调查中除了消失不存的敌台外，还发现6座。其原因可能是古今定名之间的误差[2]，抑或有后期补修增筑的情况，目前还不清楚。

这6座敌台均为黄土夯筑而成的方台形实体建筑。其中由东向西前5座均是位于平地上，台体凸出长城墙体之外（北侧），残损相对较重，形制特征不甚明显。最后一座位于长城西端，贺兰山枣儿沟半山坡的一个小平台上，分布于墙体南侧，与长城墙体并不直接相连，两者之间尚有5米的距离。此座敌台保存较好，形制基本完整。现以这座敌台为例加以说明。

这座敌台位于北长城最西端的半山坡小平台上，有居高瞭望和传递报警等作用。它的建筑方式、建造特点等与旧北长城沿线的夯土敌台类似。地处稍高的平台上，周围地表土稀薄，台体用土不可能简单从周围铲土，很可能是从不远处运来，并略加筛选以滤去较大块石。台体夯打结实，由底向上逐渐收分以增加其稳固性。但也有其自身的特点。

其一，该敌台西壁壁面上有明显的后期修补痕迹。主要在台体外侧，其所使用的土质土色与原台体有明显的差异。修补部分主要位于台体中部（两边尚部分保留原夯体），夯土中小砾石含量更大，土色亦呈深黑色，且与原台体间有明显的接缝。这是调查中发现的北长城沿线敌台有明显修补痕迹的唯一一个例子，具有很重要的研究意义。

其二，该敌台顶部铺舍尚存，也为我们了解明代敌台顶部设施提供了一个真实的例证。由于坍塌等破坏较多，此铺舍仅四角部分残留，其他均已无存。从其建造特征来看，是在敌台顶部用两面夹板夯筑加高，从而形成一处中空的方形围墙。其边缘与敌台边缘几乎成为一体，且随台体由下及上有收

---

〔1〕 （明）齐之鸾：《朔方天堑北关门记》，《嘉靖宁夏新志》卷1《宁夏总镇·北路平虏城》，第90页。

〔2〕 《嘉靖宁夏新志》记载中，除了记录敌台四座外，尚有"燧台八"，这些燧台目前实际调查与文献记载尚不能对应。此次定名的敌台中是否有文献记载中的燧台，暂不详。

分。铺舍围墙仅存四角，中部缺失，是跟西长城沿线保存较好的敌台一样，在中部特意留出便于观察的豁口，还是坍塌所致，现在很难辨析。

其三，该敌台四壁相对较陡直，无原始的登台踏道设施（敌台东壁中部现坍塌的斜坡状堆积成为现在登台的便道，不属原始存留），其登台方式可能还是属利用梯子等物。

（三）宁夏北长城沿线烽火台特征及其形成原因

烽火台又称烽燧、墩台、烽堠、烟墩、狼烟台、狼烟墩等，是古人用于快速传递情报的通讯设施，并具有守卫和瞭望的功能。其最早使用可见于汉代以前。《史记·索隐》引《纂要》载："烽火见敌则举，燧有难则焚；烽立昼，燧立夜"，《史记·正义》亦载："昼日燃烽，以望火烟；夜则举燧，以望火光。"[1] 到东汉时烽燧制度渐趋加强，"边防备警急，作高土台。台上作桔皋，桔皋头有兜零，以薪草置其中，常低之，有寇即燃火，举以相告，曰烽。又多积薪，寇至即燔之，望其烟，曰燧。昼则燔燧，夜乃举烽"[2]。隋唐时期的烽燧制度较之汉代有了较多的改进，如更多注意到烽燧的选址，同时改进了烽台的形制，新发明了悬空楼阁式的烽燧。唐代杜佑《通典·扼守法》载："烽台，于高山四顾险要处置之，无山亦于平孤迥平地置。"[3]《太白阴经》对其记载更趋详细，"经曰：明烽燧于高山四望险绝处置，无山亦于平地高处置。下筑羊马城，高下任便。常以三五为准，台高五丈，下阔三丈，上阔一丈。形圆，上盖圆屋覆之。屋径阔一丈六尺，一面跳出三尺，以板为之，上覆下栈。屋上置灶三所，台下亦置三所，并以石灰饰其表里。复置柴笼三所，流火绳三条。在台侧上下，用软梯，上收下垂。四壁开孔望贼及安置火筒。置旗一面、鼓一面、弩两张、炮石、垒木、停水瓮、干粮、生粮、麻缊、火钻、火箭、蒿艾、狼粪、牛粪。每夜平安举一火，闻警举二火，见烟尘举三火，见贼烧柴笼。如早夜平安，火不举，即烽子为贼提。一烽六人，五人递知更刻、观望动静。一人烽卒知文书符牒传道"[4]。其建造之法，"唐法：凡边城候望，每三十里置一烽，需在山岭高陵处。若在山冈隔绝，地形不便，则不设里数。要三烽燧相望，若临边界，则烽火外围筑城障"[5]。

明朝时烽燧制度在汉唐烽燧制度的基础上又有了更大的改进。在修筑长城时，明政府沿长城内外、城堡之间就修筑了诸多烽火台，墩台相望，基本是"五里一墩，十里一堡"，利用这种分布密集的烽火台来传递军警情报。烽火台多修建于视野较开阔的高处。明代对烽火台的管理十分严格，且赏罚严明。每座墩台通常配备有旗帜、鼓、弩、软梯、炮石、火药、火箭、狼粪、牛粪、柴草等。据明成化二年（1466年）法令规定，"合设烟墩并看守堠夫，务必时加调整，须要广积秆草，昼夜轮流看望，遇有警急，昼则举烟，夜则举火，接递通报，毋致损坏，有误军情声息……传报得宜寇敌者，准奇功；违者处以军法"[6]。在传递方式上还在前代白天放烟、夜间举火的基础上还增加了鸣炮，"今边堠举放烽炮，若见敌一二人至百余人，举放一烽一炮；五百人二烽二炮；千人以上三烽三炮；五千人以上四烽四炮；万人以上五烽五炮"[7]，可使军方首领从烟燧、炮声的数量多少来掌握来敌的大概数目，便于迎敌作战。

---

〔1〕（汉）司马迁：《史记》，中华书局，1982年。
〔2〕（南朝宋）范晔撰，（唐）李贤注：《后汉书·光武帝纪下》，中华书局，1996年，第60页。
〔3〕（唐）杜佑：《通典·扼守法》。
〔4〕（唐）李筌撰：《太白阴经》卷5，烽燧台篇第四十六。
〔5〕（宋）曾公亮等撰：《武经总要》。
〔6〕（清）张廷玉：《明史》。
〔7〕（明）申时行等撰：《明会典》卷132《兵部十五·各镇通例》，中华书局，1989年，第336页。

宁夏北长城沿线的烽火台，据《嘉靖宁夏新志》载："北路平虏城……领烽堠一十三：镇宁墩、柳门儿墩、瓦窑墩、双谷堆墩、望远墩、宁塑墩，以上六墩，俱宁夏卫拨人守瞭。"[1] 在另一处关于"宁夏卫"烽火台的记载中大抵类此，只是数量、名称等略有出入（此处记载有 7 座，不见宁塑墩，但新增硝池儿墩、沿河墩）[2]。此次调查中除了分布在贺兰山山体上、今将其归入西长城范围内的烽火台之外，其他可归入北长城范围内的烽火台数量并不多。其中旧北长城沿线尚存 2 座（分别为落石滩烽火台、麦如井烽火台，另外在惠农区西北约 10 千米处还有一座俗称二毛乌苏墩的烽火台，因行政区划上已属今内蒙古阿拉善左旗乌素图镇，未作记录），而北长城沿线烽火台基本已无存（北长城西端半山坡上的一处烽火台今归入西长城范围内）。只是囿于资料缺乏、古今地名变化以及很多烽火台后期破坏无存等原因，调查的几座烽火台名称很难与文献一一对应[3]，今暂按其位置进行定名。

宁夏北长城沿线这两座烽火台，均为石砌台体，是直接在原生砾石地表上找平，以较大块石块砌边，中部以黄沙土与小石块混杂填塞而成的实体建筑。周围未发现围墙及居所等设施。虽然数量少，且坍塌等破坏甚重，建筑形制不甚清楚，但也能从侧面反映出明代烽火台的特点。

位置上，这两座烽火台虽然所处位置略有差别，落石滩烽火台地处山前洪积扇冲积平原上，而麦如井烽火台则地处贺兰山东麓近山前的冲积扇台地上，但其共同特征均是在所处位置偏高处，这样布局有利于登高远望。

建筑特征上，这两座石砌烽火台跟石砌敌台等砌筑方式一样，也是砌石间不施胶结料，仅以由底向上逐渐收分的方式来增加台体的稳固性。但这种近乎毛石干垒的方式砌筑的台体稳固性自然很差，至今多已坍塌成石堆状。需要说明的是，这两座烽火台周围均无可供开凿的采石场地，台体用料可能是从不远处运来的。从落石滩烽火台来看，其台体中部在垒砌中为了增加石块间的凝合力，还曾使用桱木作拉筋。用直径约 0.1 米的松木原木，分层平置于台体间，一端伸出台壁面。桱木一端在四壁基本都有，其位置纵横交错，只是目前尚不能确定其交错处是否有榫卯或其他连接固定措施。

在相关设施上，麦如井烽火台的周围还附带有 9 座小墩。这几座小墩也是用石块垒砌成的，因坍塌甚重，整体已成石堆状。但这 9 座小墩可分两组，每组均是并列分布，彼此间的间距基本相当。这几座小墩的功用可能是举烟放火时所用的固定基台。

（四）宁夏北长城沿线关堡类型及特征

宁夏北长城沿线的关堡的数目达"一十三座"[4]，其中见诸历史文献、位于今石嘴山地区的有旧北长城沿线的镇远关、黑山营，北长城沿线的平虏城、镇北关门、平虏关门、临山堡，以及属宁夏右屯卫所辖的高荣堡（疑在今平罗县姚伏镇高荣村）、周澄堡（疑在今平罗县周城乡）、镇朔堡（今平罗县崇岗镇镇朔村）等，数量还是较多的。但由于多年来的残损破坏等原因，存留至今的不多。此次调查仅发现镇远关、黑山营和门城（平虏关门）3 座。而平虏城、镇北关门、临山堡和镇朔堡等，在

〔1〕（明）胡汝砺编，（明）管律重修，陈明猷校勘：《嘉靖宁夏新志》卷 1《宁夏总镇·北路平虏城》，宁夏人民出版社，1982 年，第 89 页。

〔2〕"宁夏卫……领烽堠四十二：镇宁墩、柳门儿墩、瓦窑墩、双谷堆墩、硝池儿墩、望远墩、沿河七墩，以上俱平虏城迤北"。《嘉靖宁夏新志》卷 1《宁夏总镇·五卫》，第 63 页。

〔3〕1984 年第二次全国文物普查中，郑正曾对此作过初步研究，将今分布于内蒙古的二毛乌苏墩推定为柳门儿墩，将今落石滩烽火台推定为镇宁墩，可备一说。郑正：《石嘴山地区古迹·古长城》，《石嘴山文物志》（征求意见稿），1985 年，第 30 页。

〔4〕《万历朔方新志》卷 2，第 86 页。

1984 年第二次全国文物普查等调查材料中尚有或多或少的记载，但今已无存。至于诸如高荣堡、周澄堡等，早已难觅其迹。由于发现数量少等原因，很难对其做详细地分类讨论，我们就以这三座为基础，并结合几处尚有登记材料的关堡对其略做探讨。

首先，从关堡性质来看，这几座关堡数量较少，但属性不一，基本代表了宁夏北部军事机构设置的特征。

镇远关、平虏关门以及今已消失的镇北关门均属依墙而建的关。关亦称口，一般依托于墙体，是出入长城的重要通道。其选址均位于地势宽广、便于通行之处。宁夏北长城沿线的诸座关中，镇远关因地处旧北长城沿线，其周围墙体及营堡建筑残损较重，形制已不辨。北长城沿线的平虏关、镇北关文献记载均较详细，"其上皆为堂，若干楹。其下各增城三面，为二堡，周遭里百二十余步，徙旧威镇并镇北堡军实之"[1]，说明当初建筑很是高大，且设专门军士值守。这里实际上属小型的防务据点，既要控制关口出入情况，还负责关城一带的长城防务。

其余几座，包括黑山营，以及消失的临山堡、镇朔堡等均属堡。堡又称城障、障城、镇城、障塞、城堡、寨、戍堡、边堡、军堡、屯堡、民堡等，一般指筑有城、围的屯兵、居住地，为长城防御系统的重要组成部分，与墙体不发生直接关联。这几座堡又可细分，如黑山营、临山堡可能属军堡性质。黑山营孤悬于外，地处贺兰山山前的一处较高的台地顶部，是用石块垒砌而成的方形墙垣。其性质可能属居高望远、驻兵监测敌情的军堡。临山堡地近北长城西端，地处山前台地上，性质也可能属护卫长城西端的军堡。而镇朔堡分布于明政府戍守的内侧，属管辖周围军户、民户屯垦的屯堡[2]。平虏城则属宁夏镇城北部的一个军事重镇。这样便以平虏城为中心，下辖长城沿线诸多关卡、沿线军堡和屯堡，共同构成了宁夏北部军事屯垦经济体系。

从关、堡的建筑方式来看，宁夏北长城沿线关、堡的建造也是遵循"就地取材、因材使用"的原则，如黑山营临近贺兰山，地处山前一处较高的山丘顶部，周围土层稀薄，但岩石十分丰富，故该座营堡直接采用石块垒砌的方式建造。而镇远关地处平原上，周围黄土堆积较厚，故直接采用周围丰富的黄土夯筑而成。平虏关门可能也是黄土夯筑而成。这样便减少了建筑用料的成本，降低人力消耗，可以更大可能地加快工作进度。

（五）其他

宁夏北长城的特点中还有两处需要补充。

一个是壕堑。位于今存旧北长城红果子段的东北侧。基本以此段长城墙体中部宽广的山洪断口为界，东段或在现代村落工厂区，或被山洪冲刷淤埋，仅个别地段尚存痕迹；西段则痕迹明显。随墙体走向曲折分布，辗转向西一直到贺兰山山脚下，与墙体间距在 5 米左右。其特点是将墙体戍守的重点东北侧沙石地层下挖成一个深壕，并将挖掘出的沙土堆积在壕的西南侧而成高堑，两者结合，共同构成一道长城墙体外侧的防御屏障。此道壕堑痕迹明显，从残存痕迹来看并不属夯筑墙体所挖的取土壕。只是这道壕堑保存并不好，壕较浅，堑亦堆积不高。现存高堑上宽 0.4、底宽 8.9 米，壕沟上宽 5.5、

---

〔1〕《嘉靖宁夏新志》卷1《宁夏总镇》，第 90 页。

〔2〕 有明一代，为大量驻军的军需粮秣供应，明政府在长城沿线实施屯田耕战政策，"边地卫军，以三分守城，七分开屯耕种"，通过自给自足的方式解决粮草运输困难的问题。屯田分军屯、民屯和商屯几种，通过田卒、募民和商户共同开发耕种，解决了上百万驻扎军队的给养问题。

下宽 1.1、深 0.7 米。

这道壕堑文献中未见记载。其作用一方面有利于长城的戍守，在墙体前新增一道防御屏障，避免了长城墙体直接暴露于敌前。同时又可以起到泄洪作用，使得墙体北面汇集的山洪水沿壕疏导走，避免直接冲刷墙基。

其二是采集物。宁夏北长城沿线的采集物不多，仅在红果子 2 号敌台及镇远关堡等处发现少量，其他地方均未发现。宁夏北长城两道长城墙体周围均未发现诸如砖瓦及生活类遗物，说明这两道长城当初修建时并未包砖或顶部覆瓦，亦未作为巡守士兵常驻之地。

这两处发现的采集品，基本以瓷器为主，器类有罐、碗、瓮等，均属生活用品，质地略显粗疏。这是几处建筑可能作为士兵常驻地方的一个间接证据。同时，这些生活类遗物与调查的西长城沿线敌台、烽火台等处采集品，从器类、特征等方面来看都是十分相像的，可能是当时为巡守士兵统一配置的日常用品。

三 宁夏北长城主要病害类型及保护措施与建议

（一）宁夏北长城主要病害类型及其成因

宁夏北长城，包括长城墙体、敌台、烽火台、关堡等，由于多年来多方面的破坏，残损较重。保存至今的建筑或多或少都有残损情况。这些损害原因有自然因素和人为因素两类。根据长城建筑属性（夯土或石砌）的不同，残损原因略有区别。

夯土类建筑是宁夏北长城及其相关设施中最重要的类别，这类建筑多位于地势较平、土壤堆积较厚的地带，是将周围采集的黄土经过人工夯打，按照需要进行人工塑形，筑造成各种更趋牢固的设施。但其性质仍属土质，因而具有土质建筑本身所具有的特性，如易受风蚀、雨蚀等破坏。

1. 自然因素

主要有风蚀、雨蚀、表面片状剥离和粉状脱落、沙化侵蚀、野草生长、地震、山洪冲刷、小动物破坏等。

风蚀是夯土类建筑遭受破坏的一个重要自然因素。因为石嘴山地区属多风地带，大风携带台地的沙土、砂粒以及钙结核等物，年复一年地对暴露在旷野间的夯土建筑进行侵蚀，使得夯土建筑的版筑痕迹等被磨蚀殆尽，墙面被风蚀得千疮百孔，有的墙面凹凸不平，呈蜂窝状，有的呈鳞片状龟裂剥离，甚至在迎风面底部等处形成贯通状风蚀凹槽。再加上一些夯土建筑多是直接在生土基础上建筑，底部无延伸入地底的基础，强度较低，如果被长期风蚀成倒立的"棒锤山"，便很容易造成坍塌破坏。这也是多数夯土建筑自然坍塌的主要原因之一。

风蚀破坏主要表现在夯土建筑迎风面，如红果子 2 号敌台的风蚀凹槽，最明显的是台体南壁，说明其遭受风蚀最为严重的是偏南风。而红果子 2 段土墙中，地处扁沟西岸边的墙体风蚀严重，则是墙体因风向转变，受"狭谷效应"的作用明显。这种特性，也为我们研究风向对长城破坏等问题提供了可资借鉴的实物资料。

雨蚀主要表现为冲沟发育等。石嘴山地区地处温带季风气候区，大陆性气候特征十分明显，每年降雨多集中在 7、8 月份，且具有降水量大、时间短等特点。这种集中式降雨，汇集的雨水短时间内易在夯土建筑较为平坦的顶部形成强大水流，沿着台体顶部及壁面低矮处倾灌而下，这样的水流长期冲刷夯土建筑的表面，形成一道或数道深入壁面的凹状小冲沟。这种小冲沟一般都是顶部宽而底部窄，呈倒三角形。这类破坏在一些保存较好的墙体或敌台、烽火台等处均有发现，多分布于地势相对较低矮的面。

片状剥离和粉状脱落也是夯土建筑主要的自然破坏之一。其最明显的表现就是在夯土建筑的表面出现的层层干痂皱裂，在受到外力作用下易出现脱落等破坏。这种损害对夯土建筑很是普遍，虽然破坏幅度不大，但如果天长日久其影响必然深远。形成原因主要是这些夯土建筑长期直接暴露于旷野上，受当地昼夜温差影响，在遭受白天阳光暴晒与夜间低温的冷热交替影响下，引起夯土表面热胀冷缩，其表层张力不匀，长此以往便会在其最外侧表面出现一层干痂面，降低了夯土建筑表面的凝合力和稳固性，在受到外力如风蚀、雨蚀等作用下，这层干痂面就会出现片状剥离和粉状脱落，这样层层结痂，层层脱落，必然会对夯土建筑造成一定的不利影响。

野草生长也是夯土建筑的一个较为重要的破坏因素。种类有沙蒿、芨芨草、芦苇等，多生长于夯土建筑的地基周围、顶部，夯土壁面等处亦有少量分布。这类生命力十分顽强的野草肆意生长，有的根系直接扎入夯土建筑内部，必然会增大夯土建筑之间的裂隙，对其保护也会产生一定不利影响。

沙化侵蚀主要在半荒漠化沙土地带，如北长城平罗渔场段（平罗县第三排水渠以西），这一带因地表多已成为沙土，植被稀少，肆虐的风会携带起周围细沙直接侵蚀夯土实体，并在其底部堆积起较厚的淤沙层。这层淤沙虽然具有一定的保护作用，但其加剧了风蚀力度，对夯土建筑也会造成一定影响。

地震破坏对夯土建筑的破坏也很大。宁夏北长城沿线本身就是一个地震多发带，单就明清以降，文献记载的大大小小的地震有数十次之多，尤其是成化十三、十四年，弘治八年，嘉靖三十三年、四十年，天启二年、七年，崇祯十年等几次地震，史书中都有边墙、城堡、墩台被震坍塌的记载。明代以后，清乾隆三年、十三年、民国九年等大地震破坏性亦很大，一些城堡因之而废弃，长城破坏亦是难免。宁夏北长城沿线夯土建筑中遭受地震破坏的例子有平罗县惠威村敌台等。这座敌台台体上有多达十数道东西向裂缝，纵贯台体，有的深度可及地基处，宽度至5厘米，属地震震裂所致。

山洪冲刷主要是靠近贺兰山山体处，如旧北长城红果子1段土墙的中部、2段土墙的中部（扁沟）等处，贺兰山山间汇集的季节性山洪从这些地方横穿长城，导致长城墙体上出现或长或短的断口。此类破坏虽然有较强的地域性限制等条件（如必须是地处贺兰山泄洪口、地势低洼处等），并不能影响到全部夯土建筑，但其对所在位置的夯土建筑破坏却是致命的，这两段长城墙体处出现的断口，包括底基等痕迹均无，便是例证。

小动物破坏主要指诸如鼠类、獾类等挖洞、蜂类筑穴等破坏，这类破坏相对较少见。

2. 人为因素

人为破坏在明代主要为蒙古族部落入侵时的拆毁、填塞等战争行为。此类破坏在史籍文献中多有记载。宁夏北长城据御敌最北端前哨，其长城防御体系自然难免遭受蒙古骑兵损毁。清代以后由于长城防御功能的失去，长城遭受战争破坏的因素显著减少，当地居民的生产生活破坏上升为破坏主因。主要有以下几种情况。

（1）平田整地时的损毁破坏。此类最明显的例子便是北长城东段，在20世纪五六十年代时平田整地中被大规模集体性地取土垫田、修建灌溉水渠等破坏，使得此段长城墙体损毁殆尽。

（2）位于工矿、村落间的长城设施，多被当地居民取土、掏洞或依墙搭建等破坏。如旧北长城红果子1段土墙的东段，被当地居民在墙体顶部开凿灌溉水渠，镇远关夯土基址南侧被掏挖出并排3眼窑洞等。

（3）地处今交通要道处被挖断成断口。此类破坏很是普遍，如包兰铁路横穿旧北长城、北长城处形成的断口，北长城大武口兴民村段几处通往横穿长城的道路豁口等。

（4）不合理的建设破坏等。如北长城平罗渔场段，有长城被公墓区单位挖断墙体，在墙基上修建现代长城的事例，还有历年来文物保护单位直接在长城墙体上竖立保护标志，对长城也产生一定不利影响。

这些人为破坏对长城来说是十分严重的。总的来说，越是接近现代村落及交通要道处，人为破坏就越加严重，反之则亦然。

石砌类建筑在宁夏北长城中所占比重较小，基本均位于贺兰山山体上或山前地带，种类有墙体、敌台、烽火台等。其破坏以自然破坏为主，人为破坏比重相对较少。其原因一方面是这类建筑均位于偏远之处，距离现代村落和居民远，因而受人为破坏相对较少。另一方面也与这类建筑的特征有关，由于石砌建筑均是由石块垒砌而成，本身稳固性极差，长期置于旷野上，坍塌等破坏甚重，多已成石堆状，人为破坏因素不明显。

1. 自然因素

坍塌：这是石砌建筑最明显、最主要的破坏，跟其毛石干垒稳固性差等特性有关。

野草生长：多见于坍塌的石缝间，草类多为耐寒的沙蒿等植物，长期生长必然会对石砌建筑产生一定影响。

地震：这类破坏以旧北长城红果子1段石墙最为明显。地震使得此段中出现了一处错缝断裂点，墙体左右错开1.5米，上下错开约1米，是宁夏地震断裂形成的一处活证据。

2. 人为因素

人为因素目前能确认的较少，较明显的如落石滩烽火台，其顶部有测绘部门竖立的水泥柱标志。另外，该烽火台位置属惠农落石滩工业园区，人为破坏的可能性有增大趋势。

（二）保护措施与建议

近年来，随着人们生活水平的提高及文物保护意识的增强，再加上长城沿线文物保护部门的多年不断地努力，宁夏北长城的保护逐渐迈上了一个新的台阶。特别是随着2006年《长城保护条例》的颁布与实施，长城保护工作真正做到了有法可依、违法必究。以宁夏北长城沿线的大武口区为例，大武口区文化局下属的文物保护科非常重视长城保护工作，多年以来陆续在北长城沿线招聘文物保护员看管长城，并在大武口乡等地设立围绕长城墙体的铁丝网及长城看护房，给北长城大武口乡段附近的群众发放《长城保护条例》，加大长城保护的宣传力度，还曾对破坏长城的工程建设单位进行处罚等。这些工作有力地推动了长城保护工作的进展。但同时我们应该看到，长城保护工作是一项长期的、艰苦的工作，任重道远，需要我们大家共同努力。

首先，要继续加强对长城保护的宣传力度，加强对长城沿线居民、各级领导的文保宣传，增强公众对长城的保护意识。通过了解长城的历史、价值及保护意义，增强公众保护长城的自觉性、紧迫感和使命感。在大力宣传包括《文物法》《长城保护条例》及与长城相关的各级文物保护单位保护规定等法律、法规及政策文件的基础上，加大对破坏长城事件的惩处力度，遏制肆意破坏长城的事件的发生。

其次，加大对长城保护工作的资金和人力投入。宁夏北长城及其附属各项设施由于分布范围广，现存状况千差万别，以及目前保护资金十分短缺、保护人力不足等现状，长城保护难度极大。目前长城的保护现状就是只能将有限的资金投入到某些重点段落上（如大武口兴民村段长城），其他大多数建筑只能暂置一旁。这种现状需要引起各方的重视，需要加大资金投入，划定保护范围，增建保护围栏，设定保护人员分段管理，同时对一些保存不佳处要加以重点维修，使其能更好地长久保存。

最后，要进一步开展对长城的调查、研究和保护等工作，多方参与，让具有不同视角、不同专业人员参与到长城保护工作中来。通过不断健全长城保护机构，完善保护档案，加大保护投入，培养长城研究与保护方面的专家人才，不断挖掘长城文化的价值和意义，促进保护、开发利用兼顾，更好地保护和传承这份祖先留给我们的珍贵文化遗产。

附　录

一　宁夏北长城调查日志摘录[1]

2007 年 9 月 14 日　晴

宁夏西长城中宁县段的长城资源调查工作到今日终于可以告一段落了。欣慰之余又有几丝离别的伤感。欣慰的自然是经过几个月的艰难跋涉，终于将宁夏境内位置最偏远、调查条件最艰苦的中宁县长城调查完毕。伤感的是，我们这 5 个朝夕相处、在十分艰苦的工作中结下深厚友谊的调查小组队员要分开了。我们这一组（第二调查小组）调查人员被打乱重组，领队周赟带队员雷昊明、黄金成，重新补充新队员赴银北地区继续开展调查，其他两位调查队员孙学锋、李军被调往新组建的第三调查小组（组长樊军），协助调查中卫县境内的长城。

上午，我们与孙学锋、李军他们一一握手告别。周赟、黄金成与新来的技工石春生踏上了去银北的道路。十点，车到平罗县，我们先到县文物管理所，拜访了县文化旅游局副局长兼县文管所所长申学和，就长城调查的具体工作做了初步交流，商讨下一步工作安排。在平罗县各领导的安排下，我们先查询了其县境内的长城资料，并做了重点复印和学习研究。同时，县文管所的职工王志彬同志跟随我们进行调查。

中午，在王志彬同志的帮助下，我们找好住宿地，安顿下来。

下午，大伙略做休整，开始学习县文管所提供的有关长城的资料，为下一步工作打下基础。

2007 年 9 月 15 日　晴

今日继续为平罗县境内的长城调查做前期准备。

平罗县境内的明代长城共计 3 道，除了位于黄河以东部分的"陶乐长堤"（原属陶乐县，陶乐撤县合并以后，其一部分地域划归平罗县管辖）属第一调查小组（组长陈晓桦）调查范围外，尚有两道长城。一道为北长城，呈东西向，从今高庄乡向西，一直延伸到包兰铁路与大武口区北长城接壤；一道为西长城，位于县城西面的贺兰山间。这两道长城均属我们调查范围。

上午，黄金成几个出去采购点工作必需品。下午，迎接陆续从各方赶来的调查人员，有自治区第二测绘院的李永泉，陕西来的技工骆永放、骆养平等人。至此，新组建的银北地区调查人员基本到齐了。晚，大伙见个面，相互认识一下，并对调查工作进行了初步分工。

---

[1]　参见彩图二〇五～二一〇。

2007 年 9 月 16 日　晴

上午，我们调查小组（周赟、黄金成、李永泉、骆养平、骆永放、石春生、王志彬）在平罗县工作人员王志彬的带领下，先期赶往要调查的北长城地段进行前期实地勘察。

我们乘车赶往平罗县北长城的最西端，即长城墙体与大武口区的交界处，今包兰铁路处。此处长城墙体特征较为明显，易于识别。从此处我们沿墙体向东而行，一直走到现存墙体残存遗迹最东端，即今平罗县高庄乡惠威村 6 队，在据今京藏高速公路以西约 200 米处发现了残存的墙体痕迹。上午的调查工作结束。

午饭后，大伙继续向东探查。据 20 世纪 80 年代调查的资料显示，北长城现存墙体的最东端应该在今惠威村再向东北延伸，"经高庄乡幸福村南侧至金星村，以东再无痕迹"[1]，距离不少于 5.5 千米。但是，此段墙体在今实际调查当中均已踪迹无存。究其原因，可能与该段墙体分布区域内基本为农田区或农村居民点，受后期老百姓取土垫田、开垦农田等破坏有着密切的关系。

晚，大伙收拾东西，为明天的正式调查工作做准备。

2007 年 9 月 17 日　晴

从今日起正式开始平罗县境内的长城资源调查工作。参与人员有周赟、黄金成、李永泉、骆养平、骆永放、石春生、王志彬等 7 人。

早晨 7 点，大家乘车赶往昨日实地勘查的、现长城残存的东侧起点——高庄乡惠威 6 队，正式开始调查工作。

据早期的调查资料记载，此段长城的起点应在此点东面的金星村，两者相距约 5.5 千米。但此段现已成为农田区，后期的人为毁墙辟田、取土垫田等行为已将长城墙体破坏殆尽。而惠威 6 队的墙体起点处至今能部分保存，是因为墙体南侧不足 5 米处有一处现代坟墓区，有墓主的后人极力保护才得以保全。

此段土墙，从今京藏高速公路平罗段以西 264 米处起，至平罗县第三排水渠西岸截止，全长 609 米。这段因地处现代农田内，长城保存整体较差，分布呈断断续续状，残缺、断裂等破坏十分严重。

过了第三排水渠，北长城从行政区划上已属平罗县城关镇的平罗渔场范围内。周围多未开发（或者早先有过开发为农田，但今已多被废弃），地表以半荒漠化的沙土堆积为主，土壤十分干旱，细沙广布，生长有稀疏的沙蒿等植物。北长城在此段内继续向西延伸，保存状况整体不佳，残损较重，向西一直到包兰铁路今平罗县与大武口区分界线处。

此段长城的中东部，有一处 20 世纪 80 年代修建的长城公墓，墓葬、道路等分布在长城周围，甚至在部分地段破坏墙基、修建外表瓷瓷片的现代砖石"长城"，对长城造成十分严重的破坏。

调查方式上，由于有前段时间的调查经验，此次调查还是遵照我们以往的调查方法来工作。调查人员徒步沿长城墙体前行，在长城保存状况发生改变的特征点（如墙体拐点、断点、折点等）处由来自测绘部门的李永泉用手持式 GPS 取点，文字记录由周赟、骆永放来完成，摄影、摄像由周赟来完成，其他几位则用钢卷尺、测距仪等设备测量距离，大家分工合作，共同完成。由于分工明确，加之又熟悉工作内容，调查工作进展得十分顺利，到中午已将北长城平罗段调查结束，调查至平罗与大武口接壤的包兰铁路处。

下午，沿铁路向西对今属大武口区管辖范围的北长城继续进行调查，调查了北长城大武口明水湖段部分，一直到北长城明水湖段一处长城拐弯处（今编为 G097 点）截止。全天调查距离合计

---

〔1〕　平罗县志编纂委员会编：《平罗县志》，宁夏人民出版社，1996 年 3 月。

8004 米。

2007 年 9 月 18 日　晴

今日继续调查大武口区境内的北长城。参与人员有周赟、黄金成、李永泉、骆永放、石春生、王志彬等 6 人，骆养平因工作难以达到要求，今天早晨被辞退，并已返回陕西。

从昨天调查暂停的明水湖段长城拐点处（G097 点）开始，沿墙体走向由东南向西北进行调查。此段墙体因为要经过一个横贯长城墙体的水渠，车辆无法开到跟前，这让我们仅找道就花费了很长时间。

此段长城墙体位于广袤的银川平原区，地势宽平。墙体走向除了从今日调查起点处略向北折，方向达到 115°之外，总体笔直。其南北两侧均有水渠并行，与北侧水渠相距 10 米，再北为宽广的农田区，种植玉米、向日葵等作物；南侧距水渠约 20 米，为连片的鱼塘区。因为地处偏远的田野，两侧有水渠使得其交通不便，少有人往来等原因，此段长城保存尚佳。

从保存状况来看，此段墙体除了个别地段有被后期掏挖水渠破坏成断口外，基本呈连续状分布。现存墙体较高，但多呈斜坡状，两侧底部生长有较茂密的芦苇、冰草等野生植物，但夯土主体上很少有植物生长。两侧壁面上有很厚的皴裂土层，已无夯层、夯窝及版接缝等夯筑痕迹。

此段墙体上还存有 3 座敌台和 1 段女墙等遗迹。敌台全部为夯土实体建筑，凸出于墙体之北侧，南面与墙体相连，方向均为方形覆斗状，只是残损甚重，形制多已不清。女墙位于墙体中部，仅存 20 米，位于主墙内侧，两者间距 5 米，与墙体并列分布，并无相交。

下午，已调查至大武口明水湖农场总部以东长城断口处，今日调查工作结束。全天计调查墙体2517 米，敌台 3 座，女墙 1 段。

2007 年 9 月 28 日　阴

今日调查大武口区北长城明水湖农场以西段墙体。参与人员有周赟、黄金成、李永泉、骆永放、石春生，大武口区文化旅游局文保科的韩学斌、艾宁参与了今日调查。

我们从上次调查暂停的明水湖农场总部以东长城断口处起，继续向西调查。其中断口向西的一段长城，过农场总部，最后到农场西侧一段，长达 1620 米。因地处密集的村落和农田间，受人为修建住宅、道路和开发农田等活动影响，墙体今已无存。

农场总部向西，一直到兴民村 5 队南侧（G112 点），全长 1290 米。此段长城因其顶部被推平，修整成两村间的通行土路，墙体除了底基尚有部分保留外，其他均不存。

再向西，随着村间公路脱离开墙体位置、改在墙体西南侧后，此段墙体保存状况逐渐好转。保存墙体较高，但破坏甚重，尤其以人为破坏最明显，典型的如修建大武口乡第一扬水站、挖断墙体修建道路、倚墙修建猪圈房舍等。此段一直到西侧的兴民村 1 号敌台处截止，全长 537 米。

兴民村 1 号敌台再向西，墙体有一处较宽的断口，全长 1280 米。此段因有大武口归德沟等处汇集的季节性洪水从此处横穿墙体，向西南注去，再西还有近年来修的 110 国道等，墙体无存。

长城过了 110 国道，继续向西延伸。此段墙体保存较好，墙体高大，夯打敦实厚重。但因地处企业、村落及农田间，残损破坏十分严重，有东西向通往大武口乡的乡级柏油路与墙体并行分布，并几度曲折横穿墙体，墙体坍塌、残断等情况严重。此段长城向西一直到兴民村 11 队墙体断口处（G125点）截止，全长 525 米。

兴民村 11 队再向西，墙体再次出现大段消失。此段现已被兴民村村落、农田及大武口火电厂、银汝铁路、新修的沿山公路等所占据，墙体无存。此段全长 1125 米。

过今大武口火电厂再向西，已是靠近贺兰山枣儿沟山脚下。在此处近底部山坡上分布有一段夯土墙体，从山坡半坡处开始，沿坡而上，到半山坡一处小平台后再沿台地东面边缘继续向北，最后连接在山体陡崖边，全长 75.5 米。此段长城的西侧小平台上还分布一座敌台（兴民村 2 号敌台），保存较好，但其与墙体并不相连，两者间距 5 米。再北侧的半山腰上，还分布有一座烽火台。

今日调查至此暂停，全天计调查长城墙体 6452.5 米（包括消失段墙体），敌台 1 座，烽火台 1 座。

2007 年 10 月 24 日　晴

今日，我们开始调查惠农区的长城资源，参与今日调查的人员有周赟、黄金成、李永泉、骆永放、石春生、韩学斌，计 6 人。

我们邀请到石嘴山市文化局文物保护处的韩学斌所长做我们的向导，带领我们赶赴惠农区，调查关堡和烽火台。

早饭后，大伙乘车出发。今日大雾迷漫，大武口区市区内的能见度不超过 10 米，路上行使的车辆都打开车灯缓慢而行。我们也是随着车流，沿 110 国道缓缓而行，至 9 点多钟才赶到第一个目的地——镇远关。

镇远关位于惠农区红果子镇原五七干校处，是一座黄土夯筑而成的实体台基。现存台体受后期破坏已保存不大，大致在 20 多平方米。四壁中除了北壁保存较好外，其余几面均有不同程度的受损，尤其以南壁破坏最重。四壁中除了南面外，外侧均有壕沟痕迹（护城河？）。台体顶部较平，上面生长有大量的杂草，其他建筑现已难辨。

调查和登记完镇远关后，已是 11 点多了。大伙在路边小店匆匆吃了点东西，然后乘车赶往下一个关堡——黑山营。该段道路十分荒僻，几乎没有道路可行，汽车基本沿山间石缝辗转而行。

黑山营堡位于惠农区红果子镇以北、贺兰山山脉东麓的一级台地上。营址位于一座较高的丘状台地顶部，现存台体仅存方形围墙遗迹，是用大块石块垒砌而成，地势随山丘地势由西向东略有倾斜，两段落差大致 1 米左右。

营址围墙保存不佳，残存高度多在 0.5 米左右。东面辟门，门外有一道与墙体方向平行的条形外墙。形制较为特殊，是我们目前调查中发现的唯一一座石砌关堡。

调查完黑山营后，我们又在营址的北侧发现了一处烽火台遗迹，暂编号为麦如井烽火台，大伙不顾疲劳，步行约 2 千米将其调查完毕。这是一座石砌烽火台，也是位于贺兰山东麓山前一级冲积扇台地上，台体四壁现已坍塌，平面呈斜坡状。顶部有一个用石块垒砌成的条形柱状圆堆。在台体的南侧平地上分布有 9 座小墩。

调查完该烽火台后，已经是下午 5 点多，大伙拖着疲惫的身躯，赶赴停车处，乘车返回驻地。今日计调查关堡 2 座，烽火台 1 座。

2007 年 10 月 26 日　晴

今日开始正式调查惠农区内的旧北长城，参与调查人员有周赟、黄金成、李永泉、石春生、骆永放等 5 人。

早饭过后，大伙乘车赶赴红果子镇小墩湾处的旧北长城最东侧——今 110 国道与大武口——惠农省道交汇处，开始今日的调查工作。

在国道向西 5 米处，旧北长城的墙体开始出现。此段墙体位于农村民居房和厂矿企业之间，墙体保存状况一般，后期破坏很是严重。墙体最东面有石嘴山市人民政府分别于 1985 年、2001 年竖立的两块保护标志，我们从此点开始取点（今编为 G002 点），沿墙体走向由东向西徒步调查。

G002—G007 点之间的墙体主要位于现代居民区和小的工矿企业内，墙体受其影响严重，如墙体搭建的厂房、顶部修建水泥灌溉水渠，以及为了通行方便挖断的断口等等，对墙体的保存造成十分严重的损害。同时，G007 点有横穿墙体的厂区柏油路和包兰铁路线，也对墙体造成影响。在 G004 点以北，在墙体的北侧出现一道壕堑痕迹，南北两侧也被后期居民点或场部所填平，距离不长。

过了包兰铁路，长城墙体转入贺兰山山前冲积扇台地处，已逐渐远离现代村落和工矿企业区，此处现在仍为未开发的荒滩地，地表以砾石堆积为主，生长有低矮的蒿草等草本植物。墙体在此段保存相对稍好。局部墙体高耸，走向亦较直，夯层十分结实，但也有几处坍塌出的断口。这几处断口均是上部夯土墙体残断，但底部基础仍存。

上午，调查到墙体中部一处宽 250 米的山洪断口处（G013 点）截止，上午调查结束。

下午，继续调查该段墙体。

山洪断口向西，墙体随地势逐渐抬升，已基本处于山前一级冲积扇台地上。此段墙体在取址上不再拘泥于呆板求直，而是因地制宜，注意避开此处遍布的低洼凹地，修建于略高的山梁上，随山梁辗转向西，方向较曲折。这样既可以加高墙体，又能避开低洼处汇集的季节性洪水冲刷影响。墙体除了有几处跟前段断裂情况相似的小断口外，总体保存较好，墙体高耸，两侧壁面陡直，顶部平整。另外，从山洪断口的西北侧（G014 点），在墙体的北侧出现了一道十分明显的壕堑痕迹，距离墙体约 5 米，方向随墙体辗转延伸。

土墙继续向西辗转延伸，一直到贺兰山扁沟东岸近山脚下（G024 点）时，在此处出现了一段夹在土墙中间的石墙，长度仅 487 米。石墙是用周围山间或扁沟河床处采集的石块干垒而成。整体保存不佳，坍塌等残损甚重，尤其是中部还有一处较大的错缝断裂点，左右错位 1.5 米，上下错位 1 米，有人认为属地震震裂所致。

石墙再向北，又是一段夯土墙，此段墙体沿贺兰山山体逐渐上升，至山体半山坡一处平台边，在此处建有一座敌台（编号小墩湾 2 号敌台），是用夯土分段夯筑而成的方台形实体建筑，保存尚佳。

我们将此座敌台调查完之后，今日工作到此结束。计调查长城墙体 3640.5 米，敌台 1 座。

2007 年 10 月 27 日　阴有大风

今日继续调查旧北长城红果子段，参与调查人员有周赟、黄金成、李永泉、石春生、骆永放等 5 人。

今日调查的地点在旧北长城的最西端，今编号为小墩湾 2 号敌台（G030 点）以北部分。此段墙体位于贺兰山扁沟东岸半山腰一处相对较低矮的山梁上。主要利用高耸陡峭的山脊作墙体，而只在山脊较为低矮处，或者两山体相接处以石块垒砌加高。此段墙体沿山体走向分布，十分曲折，一直延伸到山体东北侧一个陡峭高耸的山体处（G064 点）才截止。

在此段墙体中间（G056 点），墙体沿山体向东北延伸的一道山脊再分出一叉，形成了另一道墙体。此段墙体同上段墙体相似，也是主要利用山体陡崖为墙，在局部相对低矮处再以石块垒砌加高。在墙体最东侧的山脊顶部又修筑了一座敌台（小墩湾 1 号敌台）。这是一座石块垒砌而成的实体建筑，因地势高耸，三面环坡，故坍塌等破坏甚巨，但从保存略好的东壁、南壁等处底部来看，其形状呈方台形，由底向上逐渐收分。我们一并对其做了登记。

此段墙体调查十分不便，且不说山高路险、攀爬不便，就连天公也不作美，天阴沉沉的，风也刮得厉害，人在山上高处调查几乎到了立脚不稳的地步。但是为了赶进度，也是为了少跑冤枉路，我们没敢中途休息，尽力将此段墙体调查完了才下山。等到调查结束后，已经是下午两点多钟了，小组队员都饿得走不动了。

今日计调查长城墙体 1722.7 米，敌台 1 座。

2007 年 10 月 28 日　阴有大风

今日继续调查旧北长城红果子段长城。调查范围是小墩湾 2 号敌台西侧的墙体。

此段属夯土墙体。从小墩湾 2 号敌台的北侧边缘折而向西，沿山坡逐渐向下，过底部山洪冲沟（扁沟），再沿扁沟西南侧半坡处辗转向北延伸，最后至山体最北侧的陡崖处截止，全长 477.5 米。

墙体在此处形成一个断口，断口长 65 米。

墙体过此断口后，旧北长城残存段落已经全部调查结束。今日天气十分寒冷，再加上风力也大，我们在将此段墙体调查完毕后，当天的工作也告结束。

2008 年 1 月 21—24 日

国家文物局刘华彬副处长带领长城资源调查项目组杨招君主任，以及孟琦（河北）、段清波（陕西）、梁建宏（甘肃）等省市专家来宁检查工作。在实地勘察、检查工作笔记等之后，对宁夏的明长城资源调查工作，尤其是第二小组的调查给予了充分肯定。第二小组组长周赟被直接抽调到专家检查组，赴甘肃检查长城调查情况。

2008 年 3 月 8 日

宁夏明长城调查年度总结大会在银川市召开，周赟代表第二小组在会议上做了发言。此次会议中，周赟被评为年度调查先进个人。

2008 年 3 月 21—27 日

受国家文物局长城资源调查项目组邀请，周赟、孟琦与项目组检查团，赴辽宁、北京、天津等地检查长城调查工作，在与兄弟省份交流合作中开拓了视野，增长了见识，也促进了我们调查工作的提升。

2008 年 4 月 7—13 日

受国家文物局长城资源调查项目组委托，周赟代表项目组赴青海检查指导其长城调查工作。

2008 年 9 月 16 日   晴

银北地区的补充调查工作重新开展。

银北地区的长城资源是我们去年 9 月调查的，此次调查只是以现有墙体等为基础所做的调查，对诸如旧北长城、北长城东端今已消失的墙体未作登记调查。根据国家文物局长城资源调查项目组的要求，为将这些长城从宏观上连成一线（如将旧北长城向东延伸至黄河，过黄河天堑再与陶乐长堤连接，共同构成一道防御屏障），我们此次就是将以前遗漏的墙体等做一补充。同时，再根据资料整理需要，跟当地文管所等长城保护主管部门进行联系，补充一些相关材料。

早上，周赟、雷昊明、骆永放和李永泉 4 人乘车赶往平罗县，先跟县文管所取得联系。在所里，我们见到了韩建斌主任，在他的安排下，我们找到了一个向导——原平罗县文管所所长、现任县文化局书记冒志文。在冒志文的带领下，我们去了去年调查的长城起点，在起点东侧，随着墙体的延伸，我们还发现了一部分墙体残存的遗迹——去年因不熟悉地形，这种掩映于玉米地、渠坝上的几乎已不见踪迹的土垄被忽视掉了。

再往东的情况，就拿不准了，于是我们去了当地农村，找了 50 多岁的周尚福老人给我们做向导。这一步棋走对了——有老百姓领路，我们顺利地找到了今已不存的长城起点，俗称边墙头子的地方，在今高庄乡金星 3 队处。然后向东，经幸福 6 队、惠威 6 队等地方，一直到去年调查的起点，这样我们又调查了 5 千米左右的墙体，还发现了一处敌台和一处俗称门城的遗址，同时还现场核实了诸如镇朔堡等今已不存的关堡。

调查工作简单，但是这样来回跑，也够幸苦的。等我们将这些资料调查完，天已经黑了，回到平罗县，大伙早就饿得前胸贴后背了。

2008 年 9 月 19 日　晴

今日补充调查惠农区内的长城。

早上，吃完早点，便着手联系当地的文物主管人。惠农区是一个很特别的地方，早期有县文管所，1998 年撤销县级行政单位，改设惠农区，文物保护机构撤销，其事务归惠农区文化旅游局代管，名义上设干事 1 人，但由其办公室主任邱尚校兼职，文物事业不是其主业，故有关资料等工作也就无从谈起。前段时间调查时就没有联系上，此次也是。没办法，我们只能自己摸索了。

今天我们主要是想补充旧北长城的最东端，即现存长城墙体向东，一直至黄河岸边的这段今已不存的墙体。此事想起来简单，但实际做起来就难了，要找到旧北长城向东延伸的黄河边，最难的是我们不熟悉道路，本想跟邱尚校打听，让人家一句忙给回绝了，没办法，我们只能边走边问了。好在当地老百姓实在，几经周折，我们终于找到能通往河边的道路。

旧北长城，自贺兰山的扁沟起，沿山前冲积扇台地向东至今 110 国道。此段墙体因地处缓坡地带，周围居民少，少遭人为破坏，故保存较好。过了 110 国道，位于黄河冲积平原处，现已被辟为农田、道路、村庄，多年以来的人类开发等使得墙体早已不存。据史料记载，今天的黄河河道应该在今尾闸乡，后来随着黄河几次改道，才逐渐向东，延伸到距此地十余公里的地方。

旧北长城的东面起点，今已难寻其迹，只能近似地将这个地点落在今黄河的岸边。黄河是明代重要的河险，过黄河与内蒙古额托克前旗的巴音陶亥相连。

辗转至尾闸乡良种繁殖场，沿其乡级公路向南，经村民踩踏的土路辗转向东。这里临近黄河边，有大面积的葵花田。车至此已无法通行，没办法，几个人下了车，步行数公里赶到河边，取了 GPS 点。这样从黄河边取点，然后再向西导引，连接到今旧北长城残存处，这样就将旧北长城连接成一个整体了。只是黄河边这个点太过麻烦，就这一个点折腾了我们一个上午的时间。

下午 1 点多钟，我们在 109 国道边、黄河以西延伸线处（今属尾闸乡和平村）再取一个点。这样，银北地区长城调查补充资料工作终于全部告结束。

二　宁夏北长城各类建筑登记表

（一）旧北长城墙体登记表

序号	工作编号	名　称	位　置	所属分段	类型	与相邻点间的关系	备注
1	G001	惠农农场—红果子长城起点	惠农农场三站东侧	惠农农场—红果子镇段	消失		今黄河西岸边
2	G002	红果子长城起点	红果子镇小墩湾以西村落内	红果子 1 段土墙	土墙	东距 G001 点 12870 米	110 国道以西 5 米
3	G003	红果子 1 段土墙断点	小墩湾以西村落及厂区内	红果子 1 段土墙	土墙	东距 G002 点 122 米	村落道路断口起点
4	G004	红果子 1 段土墙断点	小墩湾以西村落内	红果子 1 段土墙	土墙	东距 G003 点 31.5 米	村落道路断口止点
5	G005	红果子 1 段土墙特征点	小墩湾以西村落及厂区内	红果子 1 段土墙	土墙	东距 G004 点 228 米	

序号	工作编号	名　称	位　置	所属分段	类型	与相邻点间的关系	备注
6	G006	红果子1段土墙特征点	小墩湾以西村落及厂区内	红果子1段土墙	土墙	东距G005点69米	
7	G007	红果子1段土墙断点	小墩湾以西村落及厂区内	红果子1段土墙	土墙	东距G006点514米	包兰铁路断口东侧
8	G008	红果子1段土墙断点	小墩湾以西山前二级台地上	红果子1段土墙	土墙	东距G007点55米	包兰铁路断口西侧
9	G009	红果子1段土墙特征点	小墩湾以西二级台地上	红果子1段土墙	土墙	东距G008点19米	
10	G010	红果子1段土墙特征点	小墩湾以西山前二级台地上	红果子1段土墙	土墙	东距G009点17米	
11	G011	红果子1段土墙小断点	小墩湾以西山前二级台地上	红果子1段土墙	土墙	东距G010点233米	
12	G012	红果子1段土墙小断点	小墩湾以西山前二级台地上	红果子1段土墙	土墙	东距G011点113米	
13	G013	红果子1段土墙断点	小墩湾以西山洪断口处	红果子1段土墙	土墙	东距G012点220米	山洪断口东侧
14	G014	红果子1段土墙断点	小墩湾以西山洪断口处	红果子1段土墙	土墙	东距G013点250米	山洪断口西侧
15	G015	红果子1段土墙拐点	小墩湾以西山前一级台地上	红果子1段土墙	土墙	东距G014点145米	
16	G016	红果子1段土墙拐点	小墩湾以西山前一级台地上	红果子1段土墙	土墙	东距G015点220米	此处有一处5.5米断口
17	G017	红果子1段土墙拐点	小墩湾以西山前一级台地上	红果子1段土墙	土墙	东距G016点301米	
18	G018	红果子1段土墙拐点	小墩湾以西山前一级台地上	红果子1段土墙	土墙	东距G017点84米	
19	G019	红果子1段土墙拐点	小墩湾以西山前一级台地上	红果子1段土墙	土墙	东距G018点44米	
20	G020	红果子1段土墙拐点	小墩湾以西山前一级台地上	红果子1段土墙	土墙	东距G019点23米	
21	G021	红果子1段土墙拐点	小墩湾以西山前一级台地上	红果子1段土墙	土墙	东距G020点59米	
22	G022	红果子1段土墙拐点	小墩湾以西山前一级台地上	红果子1段土墙	土墙	东距G021点49米	
23	G023	红果子1段土墙特征点	小墩湾以西山前一级台地上	红果子1段土墙	土墙	东距G022点99米	

序号	工作编号	名　称	位　置	所属分段	类型	与相邻点间的关系	备注
24	G024	红果子1段土墙与1段石墙交汇点	小墩湾以西山前一级台地上	红果子1段土墙	土石交汇处	东距 G023 点 225 米	此点为土石交汇点
25	G025	红果子1段石墙特征点	小墩湾以西、扁沟东岸山脚下	红果子1段石墙	石墙	南距 G024 点 60 米	此段墙体有一处错位
26	G026	红果子1段石墙折点	小墩湾以西、扁沟东岸山脚下	红果子1段石墙	石墙	南距 G025 点 243 米	此点南有一 4.5 米断口
27	G027	红果子1段石墙拐点	小墩湾以西、扁沟东岸斜坡上	红果子1段石墙	石墙	南距 G026 点 54 米	
28	G028	红果子1段石墙特征点	小墩湾以西、扁沟东岸斜坡上	红果子1段石墙	石墙	南距 G027 点 65 米	
29	G029	红果子1段石墙与2段土墙交汇处	小墩湾以西、扁沟东岸斜坡山梁上	红果子1段石墙	石土墙交汇处	南距 G028 点 65 米	此点为石墙截止点、土墙起点
30	G030	红果子2段土墙拐点	小墩湾以西、扁沟东岸斜坡上	红果子2段土墙	土墙	南距 G029 点 39 米	此点处有一座敌台
31	G031	红果子2段土墙拐点	小墩湾以西、扁沟东岸陡坡上	红果子2段土墙	土墙	东距 G030 点 36.5 米	
32	G032	红果子2段土墙拐点	小墩湾以西、扁沟东岸陡坡上	红果子2段土墙	土墙	东距 G031 点 35.9 米	
33	G033	红果子2段土墙断点	小墩湾以西、扁沟底部东岸	红果子2段土墙	土墙	东距 G032 点 23.4 米	扁沟底部断口东侧
34	G034	红果子2段土墙断点	小墩湾以西、扁沟底部西岸	红果子2段土墙	土墙	东距 G033 点 65 米	扁沟底部断口西侧
35	G035	红果子2段土墙拐点	小墩湾以西、扁沟西岸边	红果子2段土墙	土墙	东距 G034 点 61.2 米	
36	G036	红果子2段土墙拐点	小墩湾以西、扁沟西岸边	红果子2段土墙	土墙	南距 G035 点 98.4 米	
37	G037	红果子2段土墙特征点	小墩湾以西、扁沟西岸边	红果子2段土墙	土墙	南距 G036 点 32.8 米	
38	G038	红果子2段土墙止点	小墩湾以西、扁沟西岸陡崖边	红果子2段土墙	土墙	南距 G037 点 124.3 米	土墙止点
39	G030	红果子2段石墙起点	小墩湾以西、扁沟东岸山梁上	红果子2段石墙	石墙		2 号敌台点属石墙起点
40	G039	红果子2段石墙特征点	小墩湾以西、扁沟东岸山梁上	红果子2段石墙	山险	南距 G030 点 65 米	属主线石墙
41	G040	红果子2段石墙拐点	小墩湾以西、扁沟东岸山梁上	红果子2段石墙	石墙	南距 G039 点 18 米	属主线石墙

序号	工作编号	名　称	位　置	所属分段	类型	与相邻点间的关系	备注
42	G041	红果子2段石墙拐点	小墩湾以西、扁沟东岸山梁上	红果子2段石墙	山险	南距 G040 点 57 米	属主线石墙
43	G042	红果子2段石墙拐点	小墩湾以西、扁沟东岸山梁上	红果子2段石墙	山险	南距 G041 点 31 米	属主线石墙
44	G043	红果子2段石墙特征点	小墩湾以西、扁沟东岸山梁上	红果子2段石墙	石墙	南距 G042 点 22.9 米	属主线石墙
45	G044	红果子2段石墙特征点	小墩湾以西、扁沟东岸山梁上	红果子2段石墙	山险	南距 G043 点 161 米	属主线石墙
46	G045	红果子2段石墙拐点	小墩湾以西、扁沟东岸山梁上	红果子2段石墙	石墙	南距 G044 点 38 米	属主线石墙
47	G046	红果子2段石墙拐点	小墩湾以西、扁沟东岸山梁上	红果子2段石墙	石墙	南距 G045 点 89 米	属主线石墙
48	G047	红果子2段石墙拐点	小墩湾以西、扁沟东岸山梁上	红果子2段石墙	石墙	南距 G046 点 33 米	属主线石墙
49	G048	红果子2段石墙拐点	小墩湾以西、扁沟东岸山梁上	红果子2段石墙	石墙	南距 G047 点 53 米	属主线石墙
50	G049	红果子2段石墙拐点	小墩湾以西、扁沟东岸山梁上	红果子2段石墙	石墙	南距 G048 点 65 米	属主线石墙
51	G050	红果子2段石墙拐点	小墩湾以西、扁沟东岸山梁上	红果子2段石墙	石墙	南距 G049 点 70 米	属主线石墙
52	G051	红果子2段石墙拐点	小墩湾以西、扁沟东岸山梁上	红果子2段石墙	石墙	南距 G050 点 24 米	属主线石墙
53	G052	红果子2段石墙拐点	小墩湾以西、扁沟东岸山梁上	红果子2段石墙	石墙	南距 G051 点 39.7 米	属主线石墙
54	G053	红果子2段石墙拐点	小墩湾以西、扁沟东岸山梁上	红果子2段石墙	石墙	南距 G052 点 70.6 米	属主线石墙
55	G054	红果子2段石墙拐点	小墩湾以西、扁沟东岸山梁上	红果子2段石墙	石墙	南距 G053 点 20 米	属主线石墙
56	G055	红果子2段石墙拐点	小墩湾以西、扁沟东岸山梁上	红果子2段石墙	石墙	南距 G054 点 19.5 米	属主线石墙
57	G056	红果子2段石墙拐点	小墩湾以西、扁沟东岸山梁上	红果子2段石墙	石墙	南距 G055 点 19 米	属主线石墙
58	G057	红果子2段石墙拐点	小墩湾以西、扁沟东岸山梁上	红果子2段石墙	石墙	南距 G056 点 61 米	属主线石墙
59	G058	红果子2段石墙拐点	小墩湾以西、扁沟东岸山梁上	红果子2段石墙	石墙	南距 G057 点 55 米	属主线石墙

序号	工作编号	名　称	位　置	所属分段	类型	与相邻点间的关系	备注
60	G059	红果子2段石墙拐点	小墩湾以西、扁沟东岸山梁上	红果子2段石墙	石墙	南距 G058 点 50.2 米	属主线石墙
61	G060	红果子2段石墙拐点	小墩湾以西、扁沟东岸山梁上	红果子2段石墙	石墙	南距 G059 点 64.3 米	属主线石墙
62	G061	红果子2段石墙拐点	小墩湾以西、扁沟东岸山梁上	红果子2段石墙	石墙	南距 G060 点 33.9 米	属主线石墙
63	G062	红果子2段石墙拐点	小墩湾以西、扁沟东岸山梁上	红果子2段石墙	石墙	南距 G061 点 40.5 米	属主线石墙
64	G063	红果子2段石墙拐点	小墩湾以西、扁沟东岸山梁上	红果子2段石墙	石墙	南距 G062 点 60.1 米	属主线石墙
65	G064	红果子2段石墙止点	小墩湾以西、扁沟东岸山梁上	红果子2段石墙	石墙	南距 G063 点 20.5 米	山体陡崖边石墙止点
66	G054	红果子2段石墙叉线起点	小墩湾以西、扁沟东岸山梁上	红果子2段石墙	山险		主道中部、叉线墙起点
67	G065	红果子2段石墙叉线折点	小墩湾以西、扁沟东岸山梁上	红果子2段石墙	山险	西距 G054 点 182 米	属叉线石墙
68	G066	红果子2段石墙叉线特征点	小墩湾以西、扁沟东岸山梁上	红果子2段石墙	石墙	西距 G065 点 72 米	属叉线石墙
69	G067	红果子2段石墙叉线拐点	小墩湾以西、扁沟东岸山梁上	红果子2段石墙	石墙	西距 G066 点 55.1 米	属叉线石墙
70	G068	红果子2段石墙叉线特征点	小墩湾以西、扁沟东岸山梁上	红果子2段石墙	石墙	南距 G067 点 45.2 米	属叉线石墙
71	G069	红果子2段石墙叉线止点	小墩湾以西、扁沟东岸山梁上	红果子2段石墙	山险	南距 G068 点 65.2 米	此点是1号敌台

（二）旧北长城沿线敌台登记表

序号	工作编号	名称	质地	位　置	形制特征	方向	与相邻点关系	备注
1	07HHD001	小墩湾1号敌台	石砌	惠农红果子镇小墩湾以西、扁沟东岸一道山梁边	整体已呈圆锥状，保存较好的底部呈方台形	195°（东壁）	南连红果子2段石墙，西南与2号敌台相望，间距 0.781 千米	宁夏最北的明代敌台
2	07HHD002	小墩湾2号敌台	夯筑	惠农红果子镇小墩湾以西、扁沟东岸另一道山梁边	方台形，四壁陡直，顶部较平整	150°（东壁）	南、北、西三面与长城相连，东北与小墩湾1号敌台相望，间距 0.781 千米	

（三）旧北长城沿线烽火台登记表

序号	工作编号	名称	质地	位置	形制特征	方向	与相邻点关系	备注
1	08HHF001	落石滩烽火台	石砌	惠农河滨工业园区落石滩工区内，地处山前洪积扇冲积平原上	残甚，呈石锥状，仅底部尚部分保留砌石	275°（北壁）	西北约3千米与今属内蒙二毛乌苏墩相望，南与旧北长城相望	宁夏最北的明代烽火台
2	08HHF002	麦如井烽火台	石砌	惠农红果子镇麦如井西北、贺兰山东麓的山前台地上	残甚，呈不规则圆台形，底部有9座小墩		北距黑山营0.44千米，西距贺兰山体约0.3千米，南距旧北长城约2千米	

（四）旧北长城沿线关堡登记表

序号	工作编号	名称	质地	地点	形制特征	方向	与相邻点关系	备注
1	07HHB001	镇远关	夯筑	惠农红果子镇原五七干校农场处，地处贺兰山山前洪积平原上	残甚，仅存一处高台式台基，平面呈正方形，系分段夯筑而成，东、北、西三面外残留有壕沟痕迹	275°（北壁）	此关原来南连旧北长城（今已不见），北面7.77千米为黑山营堡	
2	07HHB002	黑山营	石砌	惠农区石嘴山火车站办事处以西约3千米、贺兰山山前一个独立的山丘顶部	石块垒砌而成的方形墙垣，残损甚重，多已坍塌成石堆状，东壁中部辟门道，东壁外还设一道石墙	190°（东壁）	南距麦如井烽火台0.44千米，西距贺兰山体约1.2千米，南距镇远关7.77千米	

（五）旧北长城沿线壕堑登记表

序号	工作编号	名称	位置	所属分段	保存状况	相邻关系	备注
1	H001	壕堑起点	红果子小墩湾西				壕堑今存起点，以东不见痕迹
2	H002	壕堑断点	小墩湾以西	第一段	较差	东距H001点228米	地处村落农田边，人为破坏甚重
3	H003	断点	小墩湾以西	第二段	消失	东距H002点638米	地处村落及厂区内，损毁无存
4	H004	新起点	小墩湾以西	第二段	消失	东距H003点852米	地处山前二级冲积台地上，痕迹无存
5	H005	特征点	小墩湾以西	第三段	较好	东距H004点690米	地处山前一级冲积台地上，保存较好
6	H006	特征点	小墩湾以西	第四段	一般	东距H005点150米	地处山前一级冲积台地上，破坏较重
7	H007	壕堑止点	小墩湾以西	第五段	较好	东距H006点746米	同第三段，方向随墙体十分曲折
8	H008	石墙拐点	扁沟东岸	石墙段	较差	东距H007点54米	
9	H009	石墙止点	扁沟东岸	石墙段	差	东距H008点91米	

（六）北长城墙体登记表

序号	工作编号	名　称	位　置	所属分段	与相邻点关系	备　注
1	G070	金星—惠威村段起点	平罗县高庄乡金星3队村落内	金星—惠威村消失墙体段		此处俗称边墙头子
2	G071	金星—惠威村段特征点	高庄乡幸福村7队	金星—惠威村消失墙体段		此段墙体无存
3	G072	惠威村段起点（今存土墙起点）	高庄乡惠威村6队	惠威村段土墙	东距G070点5272米	在今京藏高速西264米处
4	G073	惠威村段特征点	高庄乡惠威村6队	惠威村段土墙	东距G072点37米	
5	G074	惠威村段特征点	高庄乡惠威村6队	惠威村段土墙	东距G073点157米	
6	G075	惠威村段特征点	高庄乡惠威村6队	惠威村段土墙	东距G074点30米	
7	G076	惠威村段特征点	高庄乡惠威村6队	惠威村段土墙	东距G075点60米	
8	G077	惠威村段断点	城关镇农牧场4队	惠威村段土墙	东距G076点143米	
9	G078	惠威村段断点（平罗渔场段起点）	平罗县城关镇农牧场4队	平罗渔场段土墙	东距G077点182米	平罗县第三排水渠西岸边
10	G079	平罗渔场段断点	城关镇农牧场4队	平罗渔场段土墙	东距G078点328米	今长城公墓东侧
11	G080	平罗渔场段断点	城关镇农牧场4队	平罗渔场段土墙	东距G079点143米	今长城公墓西侧
12	G081	平罗渔场段特征点	城关镇农牧场4队	平罗渔场段土墙	东距G080点216米	
13	G082	平罗渔场段特征点	城关镇农牧场4队	平罗渔场段土墙	东距G081点1130米	
14	G083	平罗渔场段特征点	城关镇农牧场4队	平罗渔场段土墙	东距G082点362米	
15	G084	平罗渔场段断点	城关镇农牧场4队	平罗渔场段土墙	东距G083点202米	
16	G085	平罗渔场段止点（大武口土墙起点）	城关镇农牧场4队	平罗渔场段土墙	西距G084点305米	包兰铁路边、平罗与大武口交界点
17	G086	明水湖段土墙起点（断口止点）	大武口区明水湖农场	明水湖农场段土墙	东距G085点45米	此段有包兰铁路、301省道等穿越墙体
18	G087	明水湖段土墙断口起点	明水湖农场	明水湖农场段土墙	东距G086点30米	
19	G088	明水湖段土墙断口止点	明水湖农场	明水湖农场段土墙	东距G087点93米	此段是一处断口
20'	G089	明水湖段土墙断口起点	明水湖农场	明水湖农场段土墙	东距G088点37米	
21	G090	明水湖段土墙断口止点	明水湖农场	明水湖农场段土墙	东距G089点358米	此段是一处较宽的断口
22	G091	明水湖土墙特征点	明水湖农场	明水湖农场段土墙	东距G090点120米	此点处一半圆状凹坑（人为取土）
23	G092	明水湖土墙特征点	明水湖农场	明水湖农场段土墙	东距G091点73米	
24	G093	明水湖土墙特征点	明水湖农场	明水湖农场段土墙	东距G092点267米	
25	G094	明水湖土墙断点	明水湖农场	明水湖农场段土墙	东距G093点210米	此点处有一小断口

序号	工作编号	名　称	位　置	所属分段	与相邻点关系	备　注
26	G095	明水湖土墙断点起点	明水湖农场	明水湖农场段土墙	东距 G094 点 187 米	
27	G096	明水湖土墙断点止点	明水湖农场	明水湖农场段土墙	东距 G095 点 58 米	此段是一处断口
28	G097	明水湖土墙断口起点	明水湖农场	明水湖农场段土墙	东距 G096 点 100 米	
29	G098	明水湖土墙断口止点	明水湖农场	明水湖农场段土墙	东距 G097 点 49 米	此段是一处断口，也是墙体一个拐点
30	G099	明水湖土墙断口起点	明水湖农场	明水湖农场段土墙	东距 G098 点 274 米	
31	G100	明水湖土墙断口止点	明水湖农场	明水湖农场段土墙	东距 G099 点 30 米	此段是一处断口，北面有一座敌台 D001
32	G101	明水湖女墙起点	明水湖农场	明水湖农场段土墙		北与北长城并行，北侧有一座敌台
33	G102	明水湖女墙止点	明水湖农场	明水湖农场段土墙	东距 G102 点 20 米	此段是墙体内侧的一段女墙
34	G103	明水湖土墙断口起点	明水湖农场	明水湖农场段土墙	东距 G100 点 669 米	
35	G104	明水湖土墙断口止点	明水湖农场	明水湖农场段土墙	东距 G103 点 34 米	此段是一处断口
36	G105	明水湖土墙断口起点	明水湖农场	明水湖农场段土墙	东距 G104 点 826 米	
37	G106	明水湖土墙断口止点	明水湖农场	明水湖农场段土墙	东距 G105 点 19 米	此段是一处小断口
38	G107	明水湖土墙断口起点	明水湖农场	明水湖农场段土墙	东距 G106 点 398 米	
39	G108	明水湖土墙断口止点	明水湖农场	明水湖农场段土墙	东距 G107 点 91 米	此段是一处大断口
40	G109	明水湖土墙特征点	明水湖农场	明水湖农场段土墙	东距 G108 点 121 米	
41	G110	明水湖土墙断口起点	明水湖农场	明水湖农场段土墙	东距 G109 点 25 米	明水湖场部东侧长城大断口处
42	G111	明水湖土墙断口止点	明水湖农场	明水湖农场段土墙	东距 G110 点 1620 米	此点还是兴民村土墙起点及墙体拐点
43	G112	兴民村土墙特征点	大武口乡兴民村	兴民村段土墙	东南距 G111 点 1290 米	
44	G113	兴民村土墙特征点	大武口乡兴民村	兴民村段土墙	东南距 G112 点 102 米	
45	G114	兴民村土墙断口起点	大武口乡兴民村	兴民村段土墙	东南距 G113 点 268 米	
46	G115	兴民村土墙断口止点	大武口乡兴民村	兴民村段土墙	东南距 G114 点 54 米	此段是一小断口

序号	工作编号	名　称	位　置	所属分段	与相邻点关系	备　注
47	G116	兴民村土墙特征点	大武口乡兴民村	兴民村段土墙	东南距 G115 点 182 米	
48	G117	兴民村土墙特征点	大武口乡兴民村	兴民村段土墙	东南距 G116 点 33 米	此段中部有一小断口
49	G118	兴民村土墙特征点	大武口乡兴民村	兴民村段土墙	东南距 G117 点 1280 米	此段是山洪断口，有 110 国道穿越
50	G119	兴民村土墙断口起点	大武口乡兴民村	兴民村段土墙	东南距 G118 点 155 米	
51	G120	兴民村土墙断口止点	大武口乡兴民村	兴民村段土墙	东南距 G119 点 64 米	此段是一处断口
52	G121	兴民村土墙断口起点	大武口乡兴民村	兴民村段土墙	东南距 G120 点 78 米	
53	G122	兴民村土墙断口止点	大武口乡兴民村	兴民村段土墙	东南距 G121 点 54 米	此段是一小断口
54	G123	兴民村土墙特征点	大武口乡兴民村	兴民村段土墙	东南距 G122 点 43 米	
55	G124	兴民村土墙特征点	大武口乡兴民村	兴民村段土墙	东南距 G123 点 91 米	
56	G125	兴民村土墙断口起点	大武口乡兴民村	兴民村段土墙	东南距 G124 点 40 米	
57	G126	兴民村土墙断口止点	兴民村西北、贺兰山枣儿沟山脚下	兴民村段土墙	东南距 G125 点 1125 米	此段是一处大的断口
58	G127	兴民村土墙断口起点	兴民村西北、枣儿沟底部斜坡上	兴民村段土墙	东南距 G126 点 5.5 米	
59	G128	兴民村土墙断口止点	兴民村西北、枣儿沟半坡小平台边	兴民村段土墙	东南距 G127 点 70 米	此段是一处断口
60	G129	兴民村土墙止点	兴民村西北、枣儿沟半坡陡崖边	兴民村段土墙	东南距 G128 点 43 米	此点是北长城的止点

（七）北长城沿线敌台登记表

序号	工作编号	名称	质地	位　置	形制特征	方　向	与相邻点关系	备　注
1	08PGD001	惠威村敌台	夯筑	平罗县高庄乡惠威村西	残甚，整体已成不规则方台形实体建筑		南连北长城惠威段土墙，东与平虏关、西与明水湖敌台相望	
2	07DMD001	明水湖 1 号敌台	夯筑	大武口区明水湖农场东约 2.5 千米处	方台形实体建筑，保存不佳，斜壁，顶部较平		南与北长城相连，过长城与明水湖女墙相邻；西距明水湖 2 号敌台 520 米	
3	07DMD002	明水湖 2 号敌台	夯筑	明水湖农场东约 2.1 千米处	同上		东距明水湖 1 号敌台 0.52 千米，西距明水湖 3 号敌台 0.502 千米	

序号	工作编号	名称	质地	位　置	形制特征	方　向	与相邻点关系	备　注
4	07DMD003	明水湖 3 号敌台	夯筑	明水湖农场东约 1.5 千米处	同上		东距明水湖 2 号敌台 0.502 千米	
5	07DXD004	兴民村 1 号敌台	夯筑	大武口区兴民村 12 队村落内	不规则方台形实体建筑，台体高大，但残损甚重		南与北长城兴民村段相连	
6	07DXD005	兴民村 2 号敌台	夯筑	大武口区兴民村 12 队以西约 1.8 千米处	方台形，保存较好，壁面较直，顶部有铺舍残迹	190°（西壁）	东面与北长城并不相连，北面有一座烽火台，相距 0.199 千米	此台体有明显后期修补痕迹

（八）北长城沿线关堡登记表

工作编号	名称	质地	地点	形制特征	方向	与相邻点关系	备注
08PGG001	门城关	不详	平罗县高庄乡惠威村 6 组村北的农田内，地处银川平原上	城址已无存，仅东南角留有一方形台基，地表散落有较多的青砖块、碎瓷片和动物骨骼等遗物		此关门南连北长城（今已不见），西面距惠威村敌台（俗称四里墩）1.81 千米，东距北长城起点 3.08 千米	此关可能属明代北长城沿线的重要关门之一——平虏关门

后　记

　　《宁夏明代长城·北长城调查报告》是宁夏明代长城资源调查报告丛书之一，报告的体例、格式等遵循了宁夏文物考古研究所制定的报告规范，实际编写过程中亦根据具体内容有所取舍。

　　本书是对 2007 年以来宁夏旧北长城与北长城沿线长城资源调查工作的一个总结。全书是在前期交付给国家文物局长城资源调查组的数百份资料的基础上，经过提炼、增删、编撰等，最后形成本文稿。在此报告即将付梓之际，特向长期以来关注此报告编写的各位领导表示感谢，向为本报告编写提供诸多方便的大武口、平罗等县市文博同仁表示感激，更要向前期参与此次调查并付出艰辛劳动的人员致以崇高的敬意！

　　本书的代前言部分由罗丰编写，正文第二章第三节由雷昊明、黄金成编写，其余部分由周赟编写，考古线图由徐永江、田鹏花、乔国平绘制，明长城墙体走向图与专题图由宁夏第二测绘院王桂霞、任宏丽绘制，照片由周赟拍摄。

　　钟侃先生对本书的初稿做了认真详细的审阅批改，并提出了很多中肯的修改意见；文物出版社的编辑冯冬梅女士和卢可可女士也为本报告做了很多严谨细致的工作，在此一并致以诚挚的感谢！

　　由于水平有限，本书疏漏之处难免，敬请读者、同仁批评指正。

编者

2020 年 6 月

彩

图

图　　例

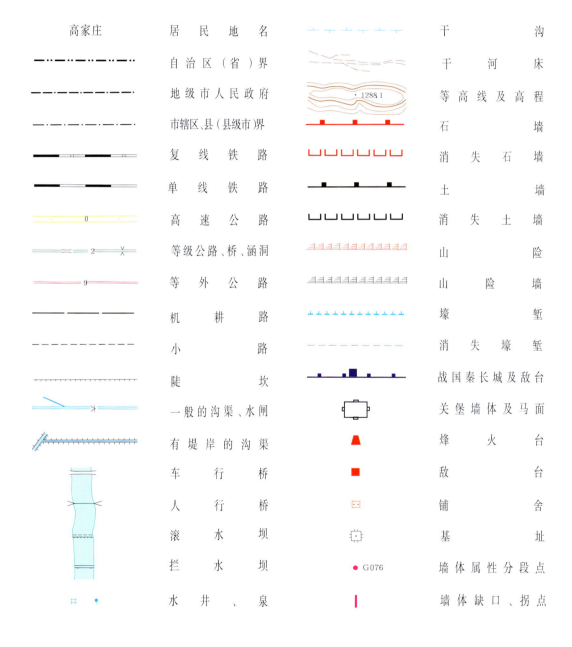

高家庄	居 民 地 名		干　　　　沟
	自治区（省）界		干 河 床
	地级市人民政府	· 1288.1	等 高 线 及 高 程
	市辖区、县（县级市）界		石　　　　墙
	复 线 铁 路		消 失 石 墙
	单 线 铁 路		土　　　　墙
0	高 速 公 路		消 失 土 墙
2	等级公路、桥、涵洞		山　　　　险
9	等 外 公 路		山 险 墙
	机 耕 路		壕　　　　堑
	小　　　路		消 失 壕 堑
	陡　　　坎		战国秦长城及敌台
	一般的沟渠、水闸		关堡墙体及马面
	有 堤 岸 的 沟 渠		烽 火 台
	车 行 桥		敌　　　　台
	人 行 桥		铺　　　　舍
	滚 水 坝		基　　　　址
	拦 水 坝	● G076	墙 体 属 性 分 段 点
	水 井 、 泉		墙 体 缺 口 、 拐 点

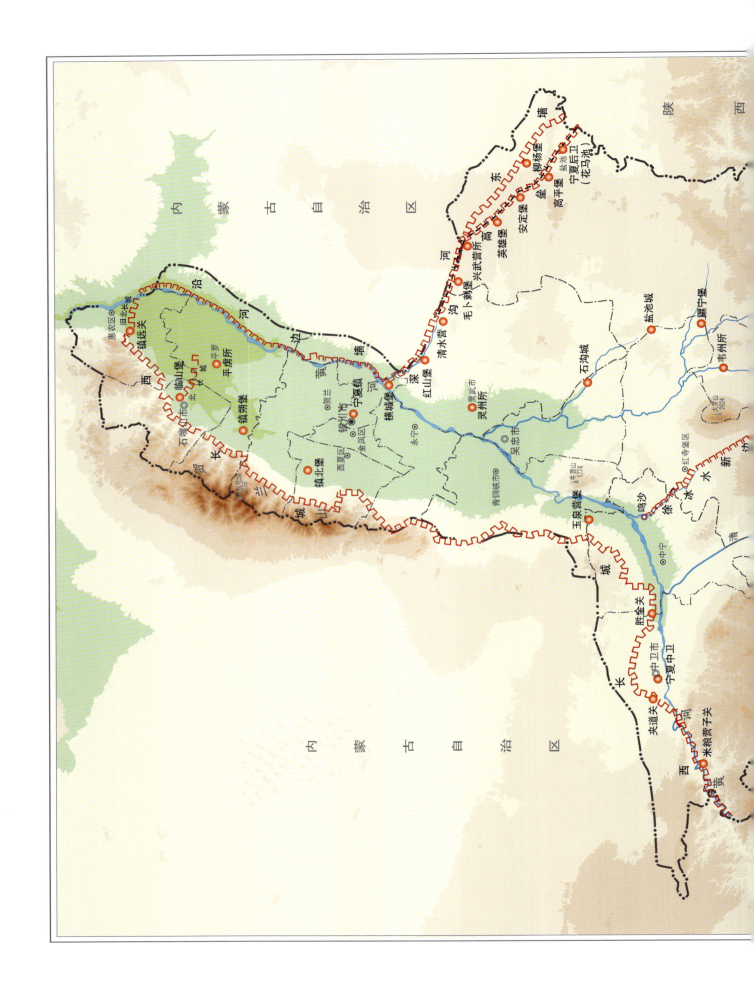

陕 西

内 蒙 古 自 治 区

墙

东

宁夏后卫
（花马池）

盐池
柳杨堡
盐池
高平堡
垒
安定堡
英雄堡
高
毛卜剌堡
兴武营所

清水营所

镇宁堡

韦州所

大罗山
2024

盐池城

石沟城

灵州所

红山堡

深

沟

河

边

黄

河

宁夏镇
横城堡

永宁

吴忠市

青铜峡市

灵武市
石沟城

红寺区

新

冰

水

沿

河

河

城

旧北长城

惠农区

镇远关

平罗
城

平虏所

渝山堡
长城
北
石嘴山市

西

镇朔堡

贺兰山

黄河市
银川市
金凤区

西夏区

镇北堡

贸
长

兰
城

山

3556

石嘴山

玉泉营堡

华昌山
1774

鸣沙

中宁

城

胜金关

中卫市
宁夏中卫

英道关

米粮营子关

西

黄

内 蒙 古 自 治 区

长

河

彩图三　黄河西岸旧北长城起点处（G001点，西北—东南）

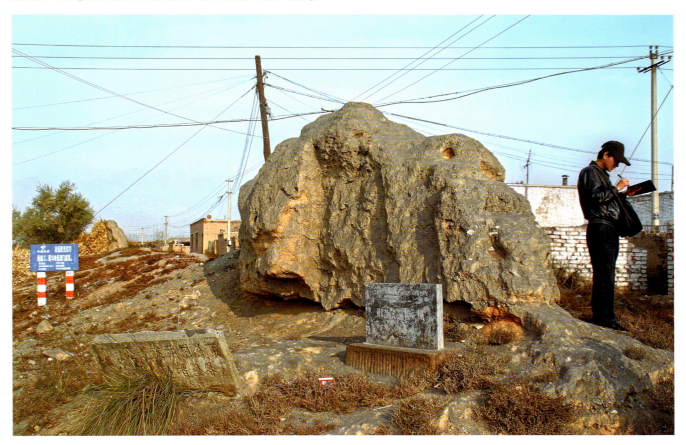

彩图四　红果子长城起点（G002点，东南—西北）

内蒙古自治区

落石滩烽火台 ▲

拉僧庙 ◎

麦如井烽火台 ▲

黑山营堡 ▢

惠农区 ◎

园艺 ◎

1号敌台 ■

2号敌台 ■

镇远关 ▢

黄

尾闸 ◎

红果子 ◎

巴音陶亥 ◎

庙台 ◎

河

礼和 ◎

宝丰 ◎

黄渠桥 ◎

红崖子 ◎

灵沙 ◎

头闸 ◎

图 例

渠口 ◎

⌐⌐⌐⌐ 明长城		▲ 烽火台	
⌐⌐⌐⌐ 消失长城		▢ 关堡	
⊥⊥⊥⊥⊥ 壕堑		■ 敌台	

0   6   12   18千米

彩图二　宁夏明代北长城分布图

内蒙古自治区

石炭井◎

呼鲁斯台◎

◎简泉农场

贺

古拉本敖包◎

枣儿沟烽火台
临山堡
兴民村 2 号敌台

石嘴山市
大武口区 ◎
兴民村 1 号敌台

惠威村

明水湖 1~3 号敌台

门

兰

崇岗◎

平虏城
城关◎

山

敖包疙瘩
3556

镇朔湖
镇朔堡

◎前进农场

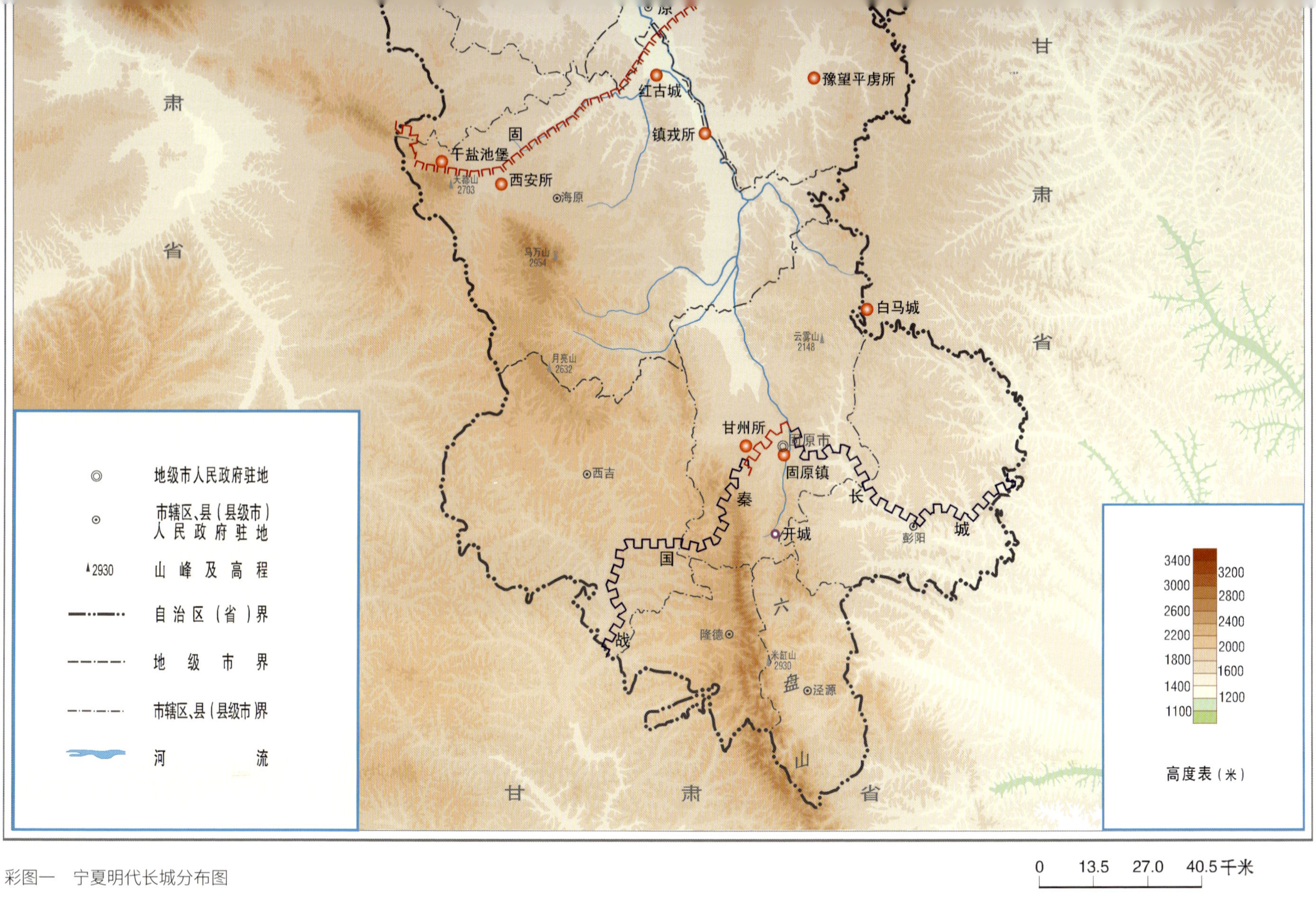

甘 肃 省

甘 肃 省

豫望平虏所

白马城

云雾山
2148

镇原镇

固原市

固原城

长 城

彭阳

秦

开城

米缸山
2930

盘 山

六

甘 肃 省

甘州所

隆德◎

泾源◎

红古城

镇戎所

原◎

国

城

西吉◎

月亮山
2632

西安所

海原◎

马万山
2954

午盐池堡

国

天都山
2703

肃

省

省

图例	
◎	地级市人民政府驻地
◎	市辖区,县(县级市)人民政府驻地
▲2930	山峰及高程
▬▬▬	自治区(省)界
▬ ▬ ▬	地 级 市 界
▬·▬·▬	市辖区,县(县级市)界
🟦	河 流

高 度 表（米）

3400	3200	3000	2800	2600	2400	2200	2000	1800	1600	1400	1200	1100

0   13.5   27.0   40.5 千米

彩图一　宁夏明代长城分布图

彩图五　G002—G003点间墙体（东南—西北）

彩图六　G003点以东墙体（西北—东南）

彩图七　旧北长城起点处保护碑之一（东南—西北）

彩图八　G004点以西长城（东—西）

彩图九　G004点以西长城顶部修建的灌溉水渠（东南—西北）

彩图一〇　G005点以西长城（东南—西北）

彩图一一　G006—G007点间墙体细部正视（南—北）

彩图一二　G007点以东长城（西—东）

彩图一三　G007—G008点间长城1（南—北）

彩图一四　G007—G008点间长城2（南—北）

彩图一五　G009点以西长城（东—西）

彩图一六　G010点以西长城（东—西）

彩图一七　G011点以东长城（西—东）

彩图一八　G011点以西长城（东南—西北）

彩图一九　G011—G012点间墙体壁面细部（北—南）

彩图二〇　G013点以东长城及南侧泄洪渠痕迹（西北—东南）

彩图二一　G013—G014点间墙体断口（南—北）

彩图二二　G013—G014点间断口俯视（西北—东南）

彩图二三　G014点以西长城全景（东北—西南）

彩图二四　G014点处长城断面（东—西）

彩图二五　G014点以西长城顶部（东北—西南）

彩图二六　G016点以西长城顶部
（东北—西南）

彩图二七　G017点以东长城
（西—东）

彩图二八　G024点东南长城
（西北—东南）

彩图二九　G024点以南墙体顶部俯视（北—南）

彩图三〇　G024点以西长城（东南—西北）

彩图三一　G024点处的墙体断口（东—西）

彩图三二　G026点东南长城（西北—东南）

彩图三三　G027点西北长城（东南—西北）

彩图三四　G027—G028点间墙体砌筑特征（东南—西北）

彩图三五　长城断裂点处墙体上下错位情况（东—西）

彩图三六　长城断裂点处墙体左右错位情况（南—北）

彩图三七　G028点东南墙体（北—南）

彩图三八　G028—G029点间墙体（北—南）

彩图三九　G029—G030点间墙体侧视（东南—西北）

彩图四〇　G029—G030点间墙体顶部俯视（南—北）

彩图四一　G029点以北墙体东侧的底部垫石（南—北）

彩图四二　G029点处墙体断面特征（南—北）

彩图四三　G029—G030点间墙体东侧（东—西）

彩图四四　G029—G030点墙体西侧底部的风蚀凹槽（北—南）

彩图四五　G030—G033点间墙体（东北—西南）

彩图四六　G030点以西墙体（东—西）

彩图四七 G030—G033点间长城（西—东）

彩图四八 G030—035点间墙体（南—北）

彩图四九　G033—034点间断口（南—北）

彩图五〇　G034点以北长城（南—北）

彩图五一　G034—G035点间长城东壁细部（东—西）

彩图五二　G035点以北墙体东面底部的风蚀凹槽（东—西）

彩图五三　G037点以南长城（北—南）

彩图五四　G037点以北长城（南—北）

彩图五五　G030点以北石砌长城（南—北）

彩图五六　G039点以北长城（南—北）

彩图五七　G40点以南长城（北—南）

彩图五八　G041点以北长城（南—北）

彩图五九　G042点以北长城（南—北）

彩图六〇　G043点以北山险（南—北）

彩图六一　G054点以南长城（北—南）

彩图六二　G056点以南长城（北—南）

彩图六三　G052点以南长城（北—南）

彩图六四　G059点以北长城（南—北）

彩图六五　G060点以北长城（南—北）

彩图六六　G059—G064点间长城（东—西）

彩图六七　G064点以南长城（北—南）

彩图六八　G054点以东长城（西—东）

彩图六九　G066点以东长城（西—东）

彩图七〇　Q066—068点间石墙正视

彩图七一　小墩湾1号敌台北壁（北—南）

彩图七二　小墩湾1号敌台南壁（南—北）

彩图七三　小墩湾2号敌台北壁（北—南）

彩图七四　小墩湾2号敌台东壁（东南—西南）

彩图七五　小墩湾2号敌台南壁（南—北）

彩图七六　07NHD002采：1

彩图七七　二毛乌苏墩（烽火台，北—南）

彩图七八　落石滩烽火台东壁（东—西）

彩图七九　落石滩烽火台南壁（南—北）

彩图八〇 落石滩烽火台西壁（西—东）

彩图八一 落石滩烽火台北壁（北—南）

彩图八二　落石滩烽火台顶部（东北—西南）

彩图八三　落石滩烽火台东壁露出的桩木（东北—西南）

彩图八四　麦如井烽火台东壁（东—西）

彩图八五　麦如井烽火台南壁（北—南）

彩图八六　麦如井烽火台南侧平地上的小墩（东北—西南）

彩图八七　镇远关北壁（东北—西南）

彩图八八　镇远关东壁
　　　（东—西）

彩图八九　镇远关南壁
　　　（南—北）

彩图九〇　镇远关西壁
　　　（东—西）

彩图九一　镇远关顶部（西北—东南）

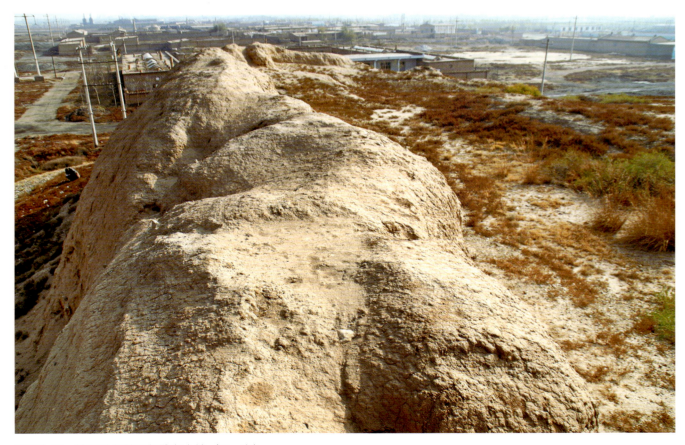

彩图九二　镇远关北壁顶部残存土墙（西—东）

彩图九三　镇远关东壁上的冲沟俯视（西—东）

彩图九四　镇远关东壁东南侧的水冲沟（东—西）

彩图九五　镇远关北壁壁面上的干痂皱裂病害（西—东）

彩图九六　镇远关东壁外壕沟（北—南）　　　　　　彩图九七　镇远关北壁外壕沟（东—西）

彩图九八　黑山营北壁（东—西）

彩图九九　黑山营东壁外侧（北—南）

彩图一〇〇　黑山营东壁（南—北）

彩图一〇一　黑山营东壁南段砌石特征
（西南—东北）

彩图一〇二　黑山营东壁北段砌石特征
（西南—东北）

彩图一〇三　黑山营南壁（东—西）

彩图一〇四　黑山营西壁内侧砌石特征（东南—西北）

彩图一〇五　黑山营西壁（南—北）

彩图一〇六　黑山营东壁中部的过道（南—北）

彩图一〇七　黑山营西壁内的房址遗迹（南—北）

彩图一〇八　H001点以西壕堑（东南—西北）

彩图一〇九　H001点以西壕堑与墙体（东南—西北）

彩图一一〇　H004点以西壕堑（东南—西北）

彩图一一一　H004—H005点间壕堑（东南—西北）

彩图一一二　H005点以东壕堑
（西北—东南）

彩图一一三　H005点以西壕堑
（东南—西北）

彩图一一四　H006点以东壕堑
（西北—东南）

彩图一一六　H006—H007点间壕堑（东南—西北）

彩图一一七　H007点以南壕堑（壕堑止点，北—南）

彩图一一五　H006点西北壕堑（东—西）

彩图一一八　H007点以北石墙（南—北）　　　　　　彩图一一九　H008点以南石墙东壁砌石面（北—南）

彩图一二〇　H008点以南石墙西壁砌石面（北—南）

彩图一二一　H008点以北石墙（南—北）

彩图一二二　"边墙头子"处长城遗迹（G070点，东—西）

彩图一二三　幸福7队以东长城遗迹（G071点，西—东）

彩图一二四　幸福7队以西长城遗迹（G071点，东—西）

彩图一二五　惠威6队以东长城遗迹（今唐徕渠以西，西—东）

彩图一二六　G072点以西长城遗迹（东—西）

彩图一二七　G073点处长城断面（西—东）

彩图一二八　G075点以西长城（东南—西北）

彩图一二九　G075点处墙体特征（南—北）

彩图一三○　G077点以东长城（西—东）

彩图一三一　G077点以西长城俯视（东—西）

彩图一三二　G078点以东长城
（西—东）

彩图一三三　G078点以西长城
（东—西）

彩图一三四　G078点以西长城
（东南—西北）

彩图一三五　G079点以西长城（东—西）

彩图一三六　G080点以西长城（东—西）

彩图一三七　G081点以西长城（东南—西北）

彩图一三八　G082点以西长城断面特征（东—西）

彩图一三九　G082点以西长城
（东—西）

彩图一四〇　G086点以西长城
（东—西）

彩图一四一　G088点以西长城
（东—西）

彩图一四二　G092点以东长城（西—东）

彩图一四三　G092点处长城断面特征（东—西）

彩图一四四　G092点以西长城（东—西）

彩图一四五　G093点以西长城（东—西）

彩图一四六　G095—G096点间长
城断口（东—西）

彩图一四七　G096点以西长
城（东—西）

彩图一四八　G097—G098点间长
城断口（东—西）

彩图一四九　G101点处两道墙体正视（东—西）

彩图一五〇　G104点以西长城（东—西）

彩图一五一　G106点处长城保护碑（东—西）

彩图一五二　G107点以东长城（西—东）

彩图一五三　G108点以西长城（东—西）

彩图一五四　G101—G102点间长城（南—北）

彩图一五五　G109—G110点间长城（西—东）

彩图一五六　G111—G112点间
　　　　　　　长城（西—东）

彩图一五七　G111—G112点中
　　　　　　　部长城（东—西）

彩图一五八　G112点处长城特
　　　　　　　征（东—西）

彩图一五九　G112点处树立的长城保护碑（东—西）

彩图一六〇　G113点以西长城（东南—西北）

彩图一六一　G114点以西长城北壁特征（东—西）　　　　彩图一六二　G114点以西长城南壁特征（东—西）

彩图一六三　G115点以西长城（东—西）

彩图一六四　G115—G117
　　　　　点间长城北壁
　　　　　（东—西）

彩图一六五　G117点以东长
　　　　　城及南侧民房
　　　　　等（西—东）

彩图一六六　G118点以西长
　　　　　城（东—西）

彩图一六七　G118—G119点间长城北壁（西—东）

彩图一六八　G119点以东长城（西南—东北）

彩图一六九　G119点以东长城上的洞穴（东北—西南）

彩图一七〇　G120—G121点间长城南壁（东南—西北）

彩图一七一　G120—G121点间长城
　　　　　上的保护碑（北—南）

彩图一七二　G122点处墙体断面特征

彩图一七三　G122点以西长城
　　　　　（东南—西北）

彩图一七四　G122点以西长城上的洞穴（南—北）

彩图一七五　G122—G123点间长城北壁（南—北）

彩图一七六　G124点处长城特征（东—西）　　　　　　彩图一七七　G123—G124点间长城（西北—东南）

彩图一七八　G124点处保存较好的长城壁面（东南—西北）

彩图一七九　G126点东南长城（西北—东南）

彩图一八〇　G126点西北长城（东南—西北）

彩图一八一　G126—G127点间长城（西—东）

彩图一八二　G127—G129点间长城（北—南）

彩图一八三　惠威村敌台东壁

彩图一八四　惠威村敌台南壁

彩图一八五　惠威村敌台西壁

彩图一八六　惠威村敌台顶部（东—西）

彩图一八七　明水湖1号敌台北壁（北—南）

彩图一八八　明水湖1号敌台东壁
（东—西）

彩图一八九　明水湖1号敌台顶部特征
（南—北）

彩图一九〇　明水湖2号敌台北壁
（北—南）

彩图一九一　明水湖3号敌台北壁（北—南）

彩图一九二　明水湖3号敌台西壁（西—东）

彩图一九三　兴民村1号敌台东壁（东南—西北）

彩图一九四　兴民村1号敌台西壁（东北—西南）

彩图一九五　兴民村1号敌台北壁（西北—东南）

彩图一九六　兴民村1号敌台南壁局部（南—北）

彩图一九七　兴民村2号敌台东壁（东南—西北）

彩图一九八　兴民村2号敌台南壁（南—北）

彩图一九九　兴民村2号敌台西壁（西北—东南）

彩图二〇〇　兴民村2号敌台北壁（西北—东南）

彩图二〇一　兴民村2号敌台顶部特征（西—东）

彩图二〇二　门城关遗址（东南—西北）

彩图二〇三　08NPM001采：1

彩图二〇四　08NPM001采：2

彩图二〇五　现场调查

彩图二〇六　宁夏文物局、宁夏文物考古研究
　　　　　　所领导现场检查指导

彩图二〇七　国家长城项目组及兄弟省市专家
　　　　　　现场检查指导

彩图二〇八　2007年度宁夏长城调查工作年终总结暨表彰会议

彩图二〇九　田野调查部分笔记一瞥

彩图二一〇　测绘关堡